小さな飲食店の
お客が減らない
値上げ

難波三郎
飲食専門コンサルタント・
中小企業診断士

はじめに

「値上げしたいのはやまやまだけど、**客が減ったらどうする？**」

「**大手とちがって**、ウチが値上げなんてして食べログに妙なこと書かれたら…」

「たしかに、これ以上食材や光熱費が上がったら、もうもたない」

「なんとか値上げせずやれてる。**自分の給料削ってるけど**」

「ウチは庶民の味方。これまでも値上げせずやってきた。値上げなんてしたくない」


――こう感じている飲食店オーナーの方々は多いのではないでしょうか？


私は、飲食店専門の中小企業診断士（経営コンサルタントの国家資格者）です。25歳からフリーターとして、多くの飲食店で働きました。小さなお店では調理技術を、チェーン店では管理手法を学び、渋谷区で飲食店をやっていた時期もあります。

今は家庭の事情で出身地の岡山市にいるため中国地方、関西地方の仕事が多いです。東京にも定期的に行くので、都心と地方のお店の違いを理解しているつもりです。

私のお客さんは、銀行や商工会議所から紹介される中小企業です。規模は大きくて年商

●「小さな飲食店」の8割が、赤字か「かくれ赤字」！

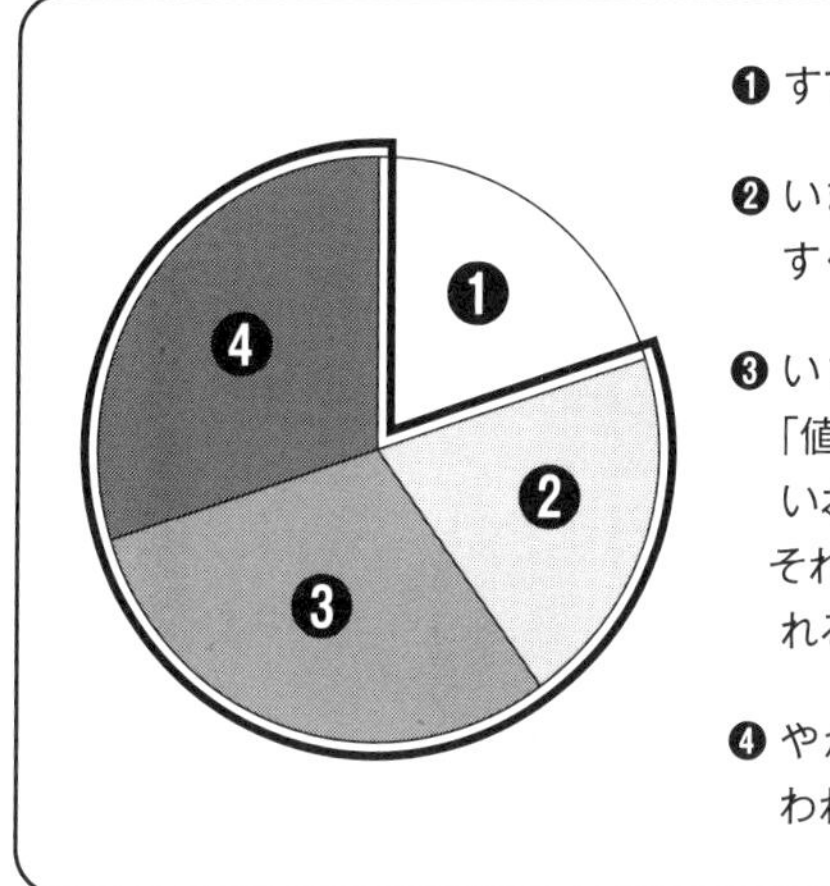

❶ すでに黒字 約20%

❷ いま赤字だが、値上げすればすぐ黒字化できる 約20%

❸ いま赤字。値上げする前に「値上げしてもお客が離れないお店」にする必要あり。
それができれば ❷ ⇒ ❶ になれる！ 約30%

❹ やがて市場から消えると思われる 約30%

10億円くらい、だいたい2億円から5000万円くらいの会社です。

銀行から紹介される方は、借金の返済をするために利益を増やす必要のある会社で、コロナ融資の返済が本格化されたので増えています。

この2年ほどでお会いしたお客さんの**8割は赤字、または「かくれ赤字」**です。「かくれ赤字」とは、帳簿上は利益が出ているように見えるけど、自分が働いた分の賃金を十分にはもらえていない状態のことです。

トップの2割（図の①）は、すでに黒字です。次の2割くらい（②）は、**値上げをすればすぐに赤字から脱却**できます。

その次の3割（③）は、**値上げする前に「値上げしても客離れしないお店」**にする必要があります。

残りの3割（④）は、やがて市場から消えると感じるお店です。消えるお店は、コロナ前から「かくれ赤字」のような状態で、その上で借金をしているので返済ができません。

私の仕事は、財務分析から見える課題を説明することから始まります。それから、お店を利用して商品のリニューアルや宣伝のお手伝いをするという流れで進みます。

最近、財務分析の説明で、かなり時間をとられて次に進みにくいことが多いです。なぜかというと、日本はインフレの時代に入っているのですが、世界の情勢から見ても「これからはインフレが続く」という現実と、値上げの必要性を理解していただくのに時間をとられるからです。同じことをコツコツと続けているまじめな社長、お客思いの優しい社長ほど、説得に時間がかかります。

インフレは約40年ぶりです。私は57歳ですが、同世代以下の社長だとインフレ時代の経営は未経験です。

前半では、時代の変化について説明し、それに気づいていただきたいと思っています。

中盤では、あなたのお店の財務分析を簡単にセルフでできる方法について説明します。Excelフォーマットを用意しました。**数字を入れて、たった3つの数字を見るだけでお店の「健康診断」ができます。**巻末のQRコードからダウンロードしてご活用ください（目次にDLマークあり）。

後半では、利益を増やすためにやれることを、説明します。**大きなチェーン店がふつうにやっていることを、小さなお店でもできるようにアレンジした、かんたんな方法**です。具体的には本文でお話ししますが、これらの方法で、上から7割、つまり生き残る見込みがあるお店（図の②、③）の黒字化をお手伝いしてきました。

単月の黒字を3カ月続けられるまでに、半年から1年半ほどかかります。長く感じるかもしれませんが、特効薬があると誘う怪しいセミナーより、ずっと現実的、実践的な打開策についてお話しします。

最近は、ネットを使っていろんなことを学べますが、飲食店経営の最初から最後までを体系的に学び、実践するには、この本が一番使いやすいと自負しています。

ぜひ最後までお読みいただき、お金を増やすのに役立ててください。

第3章

お客が減らない店にする！①

「お店の健康状態」は、たった3つの数字でわかる！

——9割の社長が理解していない「いちばん大事なこと」——

第4章

お客が減らない店にする！②

選ばれるための4つのポイント

―「ミステリーショッパー」に学ぶ「QSCA」―

第5章 お客が減らない店にする！③
黒字店がやっている「逆算」のコツ
―大手チェーンのノウハウをムリなくアレンジ―

お客が減らない店にする！④

第6章 「人件費」のムダがなくなるツボ

――生産性が高まる指標があった！――

第7章

お客が減らない店にする！⑤

お金のかからない「接客」のしかけ

――新時代の「顧客満足度」の高め方――

第8章

実践！お客が減らない値上げ①

基本価格のうまい上げ方…これが最新の常識！

――目標とする原価率とのギャップをうめる――

第9章

実践！お客が減らない値上げ②

大手チェーンに学ぶ「期間限定商品」の加え方

――客単価が上がる楽な方法――

終章

「雑に始める」方が強くなる

――「考える」「動く」「確認する」で未来が見える――

第1章

5分でおさらい①

物価は今後も上がる？

――国も大手も「インフレはつづく」と見ている――

1 食材は15%も上がった！

この本のテーマである「値上げ」について説明する前に、まず「物価高」、「インフレ」についてお話しします。

インフレとは、インフレーションの略で、「物価が上がっている状態のこと」です。これは、家電、教育費、家賃、食料などすべての価格を調べて、前年と比べてどれくらい上下しているかを表す、「消費者物価指数」というもので計られます。

2021年まで、日本は**デフレ**（デフレーションの略。物価が変わらない、または下がる状態）でした。

ところが2022年と2023年は、ざっと3%前後ずつ物価が上がりました。この2年で6%近く上がっていることになります。この間、テレビのニュースでは「41年ぶりの高い水準で…」などと、物価上昇について報道してきました。

しかし、「ちょっと待って。もっと上がってる気がするよ！」と思いませんか？

そうです。この報道、よく聞くと「変動の大きい食料品を除いた指数で…」と注釈がついています。家電、自動車など大きな買い物は別として、飲食店に関わる人が知りたいのは、食料品の物価の上下ですね？　では食料品の物価はどれだけ上がったか？

２０２２年の春から２０２３年末までの**1年半で約15％**も上がっているのです。この期間の上がり方は日本だけでなく世界的なもので、ヨーロッパでは約30％も上がっています。コロナの時期を耐えて、やっとコロナ前の売上まで戻しても、利益が残らないのは当然です。

また、**これからも日本のインフレは続きます。**そしてそれは、約40年ぶりのできごとのため、多くの経営者が未経験の時代に突入したといえます。

インフレには、良いインフレと悪いインフレがあります。良い方は、景気が良くて皆が買い物をたくさんしたがるため、「少し値上げさせてもらうか」と上げても影響せず、会社に入る利益が増えるため、賃金を増やしたり新しい設備を買うようなパターンです。

悪い方は、仕入れ価格など自社ではどうしようもない理由で仕方なく値上げし、周りもそうしているようなパターンです。

戦後からバブルまでは良いインフレがありました。しかし今は、悪いインフレの方です。

2 なぜ急にインフレになった？

いったいなぜ、急にインフレ時代になったのか？
大きな理由について、ざっと説明します。

・ロシアによるウクライナ侵攻

2022年の春、ウクライナ侵攻が始まりました。ロシアは欧米から強い制裁を受けたため、仕返しをしました。まず、ドイツまで送っていたパイプライン（ロシアで採れた天然ガスを、ヨーロッパまで運べる長いパイプ）を止めました。すると、ヨーロッパ中で燃料を奪い合うようになり、やがて世界中の燃料が高くなりました。

また、ウクライナは「ヨーロッパの穀倉地帯」と呼ばれる国ですが、畑が攻撃され、収穫できた小麦などもヨーロッパに運べないように妨害されました。すると、ヨーロッパで穀物の奪い合いが起き、やがて世界中の穀物価格が高くなったのです。

・日本の金利が低い

日本は長らくデフレでした。そのため、国がゼロ金利政策を行うなどして、経済を活発化させようとしてきました。金利が低いと、車も住宅も買いやすくなります。また会社もお金を借りやすいので、新しい設備を買いやすくなります。こうして経済を良いインフレ状態に持っていきたかったのです。

ただこの政策はうまくいかず、ずっと低金利が続きました。世界中がデフレのときは周りも低金利でした。そこを脱け出す国が多い中、日本は脱け出せず金利差が生まれました。どの国にも政策金利というものがあります。今のアメリカは約５％、日本は約0.1％です。この差が、円安を生みました。

・急激な円安

戦争が起こって、世界の経済や安全の将来が不確実になると、各国や機関投資家（投資信託銀行や生命保険会社など、預かった大金を運用して利益を還元している団体）は、お金を移動させます。そのとき、なるべく安全な国に投資しやすくなります。

金利が0.1％の国と５％の国、どちらに投資するか？　５％の国ですね。

5%の国に100万円投資すると、5万円の利息がついて105万円になります。0.1%の国に投資しても、利息はわずか1000円。100万1000円にしかなりません。こうして日本の「円」が売られました。2022年の春は1ドルは約115円でした。ところが半年後には約150円になったのです。

カフェがあったとします。このお店はアメリカの会社から、スムージーの素を1本当り1ドルで買っていました。春には、1本当り115円を支払いました。半年後の秋には同じものに150円支払いました。

「円安円安って言うけど、35円変わっただけだろ?」という方もいらっしゃるかもしれません。ちなみにこの例(2022年にあった円相場の実例のまま)だと、1本当りの価格が、約30%値上りしています。

おそらく2022年ごろからでしょう。問屋さんが納品したあとに伝票を置いていくさい、「来月から~の価格が上がります」「次の納品までは~を確保していますが、その次はわからないので」と平気で言うようになったのは。円とドルの相場が不安定で、欲しい食材を満足に入手できない。円が高くなったらまとめて買ってどこかに貯めておこう。そんなことを考えながら、「今まで通りにはいかない」と姿勢を改めたのだと思います。

3 「ビッグマック指数」でわかる日本の貧しさ

次に、世界と日本の比較についてお話しします。

「ビッグマック指数」というものがあります。各国で売られているビッグマックの価格を比べて、その国の購買力を見るというものです。

為替レートは日々変わるので多少の変化はあるでしょうが、手元のデータで日本は40位です。そしてその価格は、中国と韓国に抜かれています。そう、日本は安い国になっているのです。

続いて、過去30年の世界の賃金上昇率を比較すると、アメリカとイギリスが2.5倍以上、カナダ、ドイツ、フランス、イタリアが約1.8～2.3倍も上がっているなか、日本は約10％しか上がっていません。

ただし、これは「名目賃金」といって、支払われた額の変化だけを表したものです。額が増えても物価が上がれば、生活は楽になりません。

●1-1　ビッグマック指数…日本は世界で40位！

国	現地価格	通貨	日本円換算
スイス	6.5	スイスフラン	949.1
アメリカ	5.15	ドル	738.1
イギリス	3.69	ポンド	512.7
ユーロ圏	4.65	ユーロ	647.1
韓国	4,600	ウオン	463.3
中国	24	元	482.5
日本	410	円	410.0

そこで、インフレ率を加味した「実質賃金」で見ると、イギリス、アメリカ、カナダ、ドイツ、フランスは約1.3〜1.5倍上がっています。

30年前よりたくさん買い物ができたり、貯めたりできるということです。

しかし日本は3％しか上がっていません。

4 大手は「インフレはつづく」と見ている

よく「失われた30年」と言いますが、この数字を見ると、納得します。

「いや、でも皆暮らせているし、他の国のことなんて、どうでもいいじゃないか！」

という考え方もあるでしょう。

しかし、今よりも円安が進んで、賃金が上がらずに他国より買う力が落ちると、困るのです。

たとえば昔、「舶来品」という言葉がありました。これは、当時は高級品だった欧米産の商品の呼び名です。海外産のウイスキーは、「舶来品の洋酒」などと呼ばれ、応接間に飾られていました。

「円」の価値が落ち続けたら、やがてこうなるかもしれません。

円安は、輸出をする製造業にとっては有利に働きます。日本産の商品が安くなり、たくさん売れるようになるためです。

しかし、飲食業は困ります。日本の食料自給率は40％弱ですから、60％強は輸入していますます。つまり、仕入れ代が高くなるのです。

また、外国人労働者をたくさん雇っている業種がありますが、最近この外国人を集めるとき、韓国に競り負けることが増えているそうです。

労働者向けのアンケート結果によると、韓国の方が給料がいい、というのも理由に挙がっていました。韓国は最低賃金も平均年収も日本より高いのです。ＯＥＣＤ（世界の先進国で構成される、経済問題について協議する団体）に加盟している35カ国のうち、**日本の賃金は25位**です。

もちろん国は、こうした状況を把握していました。２０１３年には**「アベノミクス」**という政策が始まり、毎年２％くらいの緩やかなインフレ率になることを目標としました。つまり、良いインフレの状態を目指したのです。

その結果ですが、政策の効き目は弱く、デフレが続きました。

そこに、先ほど紹介した２０２２年の急なインフレが始まったのです。これは悪いインフレです。しかし、０％台のインフレ率が続いた日本としては、最後のチャンスかもしれません。

そこで国は、最低賃金を上げると同時に、経済界の団体に大幅な給与アップを依頼したのです。最初のうち経済界の代表者たちは、「業界によってばらつきが出ると思う」といった感想を述べていました。

しかし、２０２４年の春闘（労働組合と経営陣が、賃金や労働条件について交渉する場）では、平均で約５％の賃上げが達成されました。

春闘は、中規模な企業も参加しています。これらの企業のうち大手企業の下請け企業の場合は、大手が賃上げして、値上げもして、浮いた利益で下請けからの買取価格を上げる。下請けは、値上げでできた利益を賃上げに回す、という約束があったから達成できたのだと思います。

飲食業の場合は、買い取ってくれるのが消費者ですから、値上げの約束はできません。ですから、賃上げは難しいのではないかと私は思っていました。

しかし実際は、**餃子の王将が約12％、ゼンショー（すき家などを運営する会社）も約12％、松屋が約11％**など、驚くような賃上げが発表され、他の企業も全体の平均に近い数字を発表しました。

もちろんこの数字は、正社員に対するものです。飲食業界はパートを多用するので、正社員を多用する業界ほどの影響はないでしょう。

それにしても、なぜ多くの大手が賃上げを発表したのでしょう?

1つは、人材確保のためだと思います。

次に、**インフレ時代が来ると悟り、インフレ率を上回る賃上げをすべきと判断したのでしょう。**

そして2024年の春闘を、その決意表明の場としたのだと思います。

決意表明の年は、驚くような賃上げが発表されましたが、この賃上げ率を続けることは無理でしょうし、数年たてば業績によって企業間のばらつきが出てくるはずです。ただ、経済界も国も、インフレ時代が続くと思い、それに合わせた行動をしているので、この傾向は続くと思います。

長い目で見ると、**インフレ率が2%台に収まって、4%以上の賃上げが続けば、良いインフレになる。**そんな記事を少なからず見かけます。

第2章

5分でおさらい②

お店に「インフレ」はどうひびく？

——ずっとやってきた「考え方」を変えるチャンスが来た——

1 値上げをイヤがる理由TOP3

この本を読まれている方は、中小零細企業・個人経営の社長でしょう。であれば、

「世の中の流れはわかったけど、賃上げと値上げは難しいよ！」

「小さい会社だと、社長の取り分が減る時代になるってこと⁉」

と思って当然です。仕入れ代が上がって、値上げをしても、人件費に持っていかれる。

そうなると会社の利益（社長の取り分）が減ります。ですから、それでも利益が出るほどの値上げ、**今まで以上の値上げの意識が必要**になってくるのです。

「無理だ！」と思われる方も多いでしょう。では、なぜそんなに値上げに腰が引けるのでしょうか？　ふだんお会いしている社長たちに、よく見られるパターンは、３つです。

①「コロナ前の売上に戻したい」

飲食店はコロナ禍の3年ほどを、ひどい状況で経営してきました。世の中が変わって少しずつ売上が戻りつつあります。「早く２０１９年（コロナ前）の売上を超えたい」ある

いは「超えたが、もう落としたくない」と考えている社長は多いです。

ただ、これからは売上でなく利益を見る経営をしないと、生き残れません。利益を見ろというと難しそうですが、大丈夫。後の章で簡単に利益計算ができる方法を紹介します。

②「値上げは悪いこと」

日本は長らくデフレで、価格が変わりにくい国でした。でも、コンビニもスーパーも高くなったと思うことがありませんか？　これからはインフレの世の中になります。それは飲食店だけではありません。

また、「お客様に申し訳ない」という声も聞きますが、本当に申し訳ないのは、お店がなくなることです。そうならないよう、生き残りをかけて気持ちを変えましょう。

③自信がない

「うちの店で、そんなに（払って）もらえるかな？」

「これ以上、値上げしたら、思いっきり客離れが起こる気がする」

こういう社長も多いです。

私は、ただ値上げをしようと言っているのではありません。今よりいいお店にして、付加価値を高めながら、価格を上げる。これが私の主張で、どのお店とお付き合いするときでも最初に伝えることです。

では、いいお店とは何か？　これも、もう少し後の章でしっかり説明し、無理なくできることをご紹介します。

経済は、めぐりめぐって自分のところにやってきます。当然ですが、自分だけで経済の流れを変えることはできません。これからの時代を生き残るために、

・デフレ時代の考えを捨てて、気持ちを新たにする
・売上でなく、利益を追う経営にする
・自信をもって値上げできるように、今よりいいお店にする

つまり、「社長の気持ち」「帳簿上の経営」「現場の経営」の3つを変えるということです。なるべく簡単な方法を、なるべく簡単にお話しします。どうか最後までお読みいただき、3つを変える方法を身につけてください。

変える方法を本格的に説明する前に、仕入れ代や人件費などの、これからの大きな流れについて説明します。これは「帳簿上の経営」、つまり、利益を追うためには必要な知識です。

こういう数字を目安にするといい、といったお話もします。あまりいい話はありませんが、少しいい話もあります。短くまとめるので、少々お付き合いください。

2 人件費

今後も上がる？①

まず人件費の話です。

飲食業はパートを多用する業種です。ですから、パートの時給を決めるとき参考にする（守らなければならない）最低賃金の変動は気になるところです。

最低賃金は年に1回、秋ごろに改定されるのが、ここ数年の流れです。

また、ここ数年は、過去最高の引き上げ幅を更新しています。各都道府県別に決めるものなのですが、２０２３年は全国の加重平均で、41円の引き上げとなりました。２０２２

年に国は、全国の平均で1000円を超えたいと発言していましたが、初めて全国の平均で1000円を超えました。

ただ国は、全国のすべてで1000円を超えたいという発言をしていたこともあります。ちなみに2023年の最低賃金のうち、900円未満の県が12あり、一番安い県は893円です。もしこれらの県を2年以内に1000円にしようとすると、1年に50円～60円ずつ引き上げる必要があり、2024年はこれを実行しました。

先ほど春闘の話をしました。大きな企業の正社員は給料が上がって、パートの給料が上がらないと、貧富の差が拡大します。最低賃金に近い時給で働いている人は労働者の約15%、そのうち世帯の稼ぎ頭の人が、約30%です。

「2023年の春闘で、正社員の給与が上がった」

「最低賃金はここ数年、過去最高の引き上げ幅だ」

「貧しい人の暮らしを守るべきだ」

――おそらく国は、これらをベースに考えるでしょう。すると2024年以降、2年ほどは大きな引き上げ幅が発表されるかもしれません。ただ、それを何年も続けるのは無理でしょう。最終的には継続できそうな3%～4%の間に落ち着くと思います。

3 仕入れ代

今後も上がる？②

仕入れ代については この数年、あなたが一番悩んだことだと思います。先ほどもお伝えしたとおり、日本は食材の60%強を輸入しています。輸入品の価格を上げる要素は、現地での生産価格と、それを世界中で取引する為替価格（円が安いか高いか）です。ときどきニュースをチェックしてほしいのは、穀物（麦やトウモロコシなど）の凶作の話題です。これらは、人間が食べるだけではなく、動物も食べているからです。

ニワトリを出荷するのに2カ月、豚肉は6カ月、牛肉は2年かかります。その間、エサを与えます。ここで使われるのが穀物です。トウモロコシ（日本のように甘くない品種のもの）が有名ですが、生産量の約60%がエサ用に使われています。

経済は、めぐりめぐって自分のところに来ます。凶作があると育成期間が長いものほど、高くなります。そしてこれは、食料の価格に大きな影響を与えるので、ときどきニュースをチェックしてください。同時に、あなたのお店にとって主要な食料、たとえばカフェであればコーヒー豆、イタリア料理店であればオリーブの凶作状況もチェックしてみてください。凶作の情報から仕入れ代の値上げまでの期間や影響度が、少しずつわかるようになります。

次に「円」の価格ですが、ウクライナ侵攻の前の115円と、そのあと急に上がった150円が目安となり、その間にいれば今くらいの影響度ですみます。そこを超えて200円になってくると、本当に悪いインフレ（仕方なく値上げする状態）になります。

逆の話をすると、もし仮に115円を切ることになったら、どうなるでしょう？ スーパーマーケットの食料品は安くなります。また、おそらく大手のファストフードチェーンは、商品価格を少し下げると思います。

しかし、個人の飲食店がそれをするでしょうか？ 短期的に「円安還元セール」のようなことはやっても、メイン商品の価格は変えないはずです。

過去にも数年かけて円高になったことはありますが、ハンバーガーや牛丼以外で価格が下がった商品は思い浮かびません。こうなると儲け時になるでしょう。よく「海外で食事をしたら、驚くほど高かった！」と言いますが、インフレの激しい国でも、こうして少しずつ値上げが積み重なって、今の状態があるのだと思います。

4 今後も上がる？③ 光熱費

光熱費は、石油が高騰しているため、なかなか下がりません。これは、円安の影響よりも、石油の生産量の影響が大きいです。

原油の生産量は、ＯＰＥＣ（石油輸出国機構。石油産出国で作られた団体で、石油で得られる利益を確保することを目的としている）が、話し合って決めます。現在は減産状態、つまり市場にたくさん出していない状態です。たくさん出していませんが、欲しい国はたくさんあるので、価格が高くなります。そう、ＯＰＥＣの目的は達成されています。

減産の理由は、①欧米が脱炭素を掲げ、いずれ用済みと言っているので、対抗している（都合のいいときだけ利用されたくない）、②世界で戦争が起きている中で、イスラム圏の影響力を示しておきたい、などが挙げられます。

こうした状況の中、国は電気代、ガス代、ガソリン代が高くなりすぎないよう、電力会社やガソリン元売り会社に補助金を出していますが、石油が安くなれば補助金をやめるので、今の価格が続くだけです。光熱費については、あまり期待しない方がいいでしょう。

5 「コロナ融資」…返済の先延ばしはできる？

最後に、コロナ融資の話です。今までは「借り換え」という名目で、返済開始を先延ばしにできていましたが、この制度が終わりそうです。これで、本格的な返済（元本の支払いあり、金利あり）が始まります。

コロナ融資の総額は一時、40兆円を超えていました。これらの多くは公的な機関である、日本政策金融公庫や信用保証協会が関わっています。国としてはこれ以上、金額を増やしたくないでしょう。今後は、追加の融資は少しずつ難しくなると思います。なぜなら、時間がたつほど「コロナ禍」ではなくなるからです。

返済に困ったら、リスケ（リスケジュールの略。月の返済額をしばらく減額する、返済期限を延長する、といった返済方法の変更のこと）という方法もあります。ただし、1つだけ覚えておいてください。リスケ中の追加融資は、かなり難しいです。

リスケ中にエアコンが壊れて銀行に行き、融資をお願いしたらひどく怒られた方がいました。予定通りに返済するにしろリスケするにしろ、そろそろ覚悟を決める時期が来ました。

6 10年後も生き残るお店の姿とは

テレビのニュースを見ていると、廃業する飲食店を特集していることがあります。
その中で、印象的なストーリーのパターンを紹介します。

店内は、お客で満席だ。名物は◎◎で、このボリュームで◎円と驚くほど安い。
しかし、「あと1カ月で閉店する」と店外にチラシが貼ってある。
久しぶりに来たというお客に聞くと「思い出の店で、残念だ」と言う。
閉店の日は、長い行列ができた。社長に閉店の理由を聞くと、
「安くて腹いっぱいになる商品を提供したかったが、難しくなった」
とのこと。名残惜しそうなお客とあいさつを交わして、最後の時を迎えた。

紹介されたお店の社長は高齢の方が多かったですが、若い方もいました。
もしこの社長たちが、安くて腹いっぱいにすることを経営理念、お店の存在意義として

掲げていたなら、私は彼らの判断が間違っているとは思いません。食材がこれだけ上がって、止まりそうもない時代だからです。ただ、少し残念です。

コスパという言葉があります。コスト（価格）と、得られるパフォーマンス（効果）を比較するという意味です。びっくりするほどの安値にしなくても、パフォーマンスがしっかりしていれば、お客は来るはずです。そう、コスパのレベルが、やりすぎなのです。

また、いいものをなるべく安く、という生真面目な考え方が日本人には定着している気がします。これは、昭和の時代に電機メーカーや自動車メーカーが世界と戦うために掲げていた考え方です。しかし、今は違います。電気製品を買うつもりで量販店に行ってみてください。他よりいい商品は高いです。自動車のグレードを少しよくすると、数十万円かかります。

2022年、ウクライナ侵攻が起きたとき、ロシアからの天然ガスが止まったドイツは、急激なインフレになりました。このころの、消費者に向けたアンケート結果を見たことがあります。問いは、「食料品などが高くなることをどう思うか?」でした。約70%の人が、「しかたない」と答えていて、びっくりしました。なぜなら、ちょうど同じころ、日本で似たようなアンケートがあり、約70%の人が、「値上げは許せない」と答えていたからです。

ところが、2023年の秋に内閣府が行ったよく似たアンケートで「値上げは許せない」

と答えた人は約25％でした。そうです、**消費者の意識も少しずつ変わっているの**です。

そういえば昔、自動販売機のコーヒーが100円から値上げされると話題になったとき、「ワンコインでなくなると、買わないかも」といった意見がありました。

しかし今では、140円や150円で売られています。また最近、お気に入りのカップ麺シリーズの新作が出たので買いに行ったのですが、思ったより高くて少し考えてしまいました。しかし1回食べた後は普通に買います。何事も慣れです。

ここまで読まれて、「いや、それでも貧しい人に悪い気がする」などと考える人もいるでしょう。あなたのお店のメイン客層がそういう人たちであれば、考える必要があります。

しかしそうでなければ、最初に考えるべきことは、「自分が貧しい人にならないこと」です。強い側にいないと、弱い人は守れません。

強いお店を経営して、ゆとりができれば寄付をするのもいいです。それ以前に、あなたはインフレで利益が減る中、最低賃金の値上がり分を引き受けて、世の中に回しているのです。そう、立派に貢献しています。

まとめとして、この章の最初にお話ししたことを図にしました。

まず、インフレ社会の構造です（２-１）。これがこれからの世の中です。生き抜くために、３つの変化が必要です（２-２）。これについては次章から少しずつ説明します。

●2-1　インフレ社会

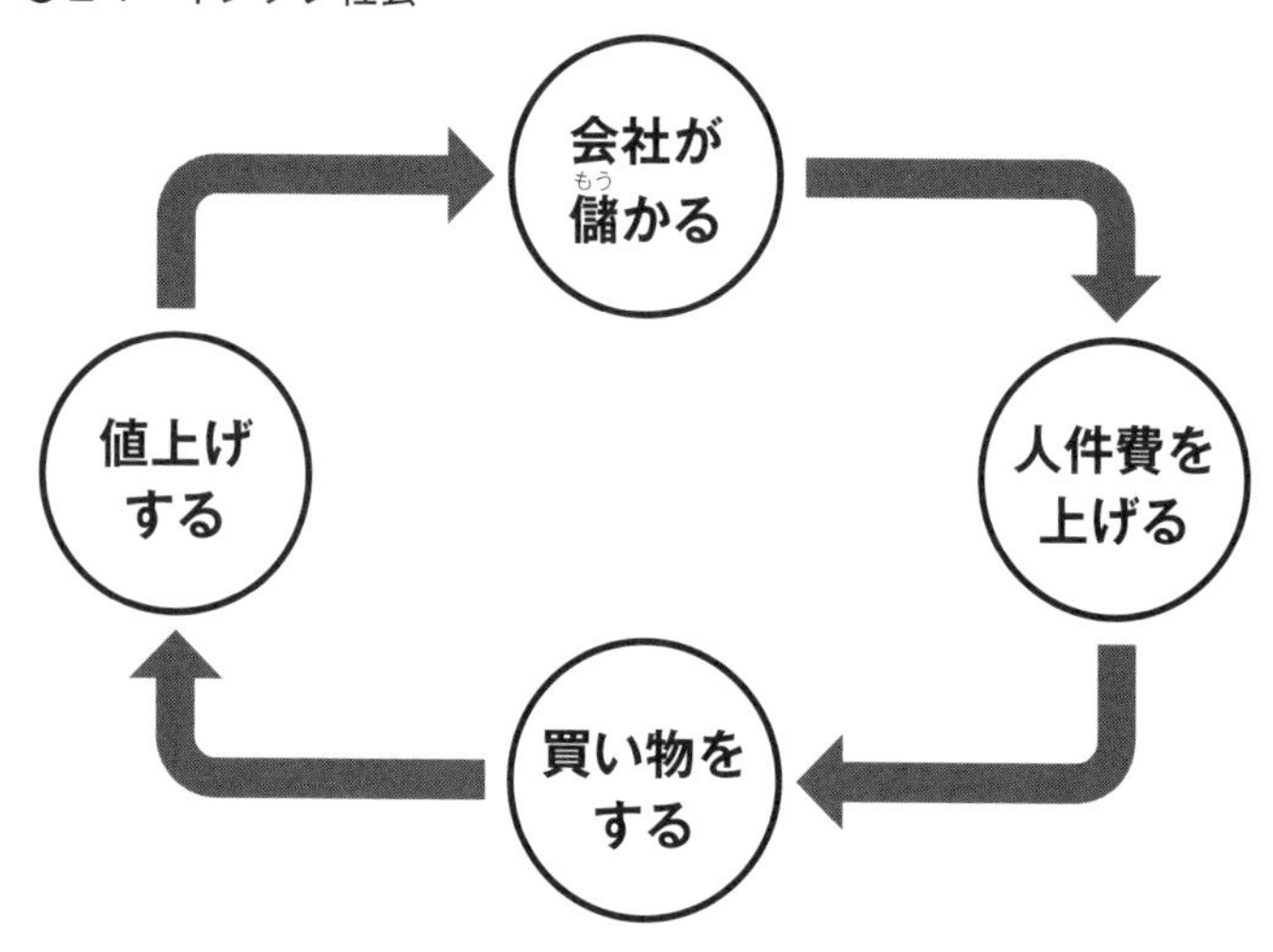

●2-2　これから実行すること

① デフレ時代の考えを捨てて、気持ちを新たにする

② 売上でなく、利益を追う経営にする

③ 自信をもって値上げできるように、今よりいいお店にする

つまり、

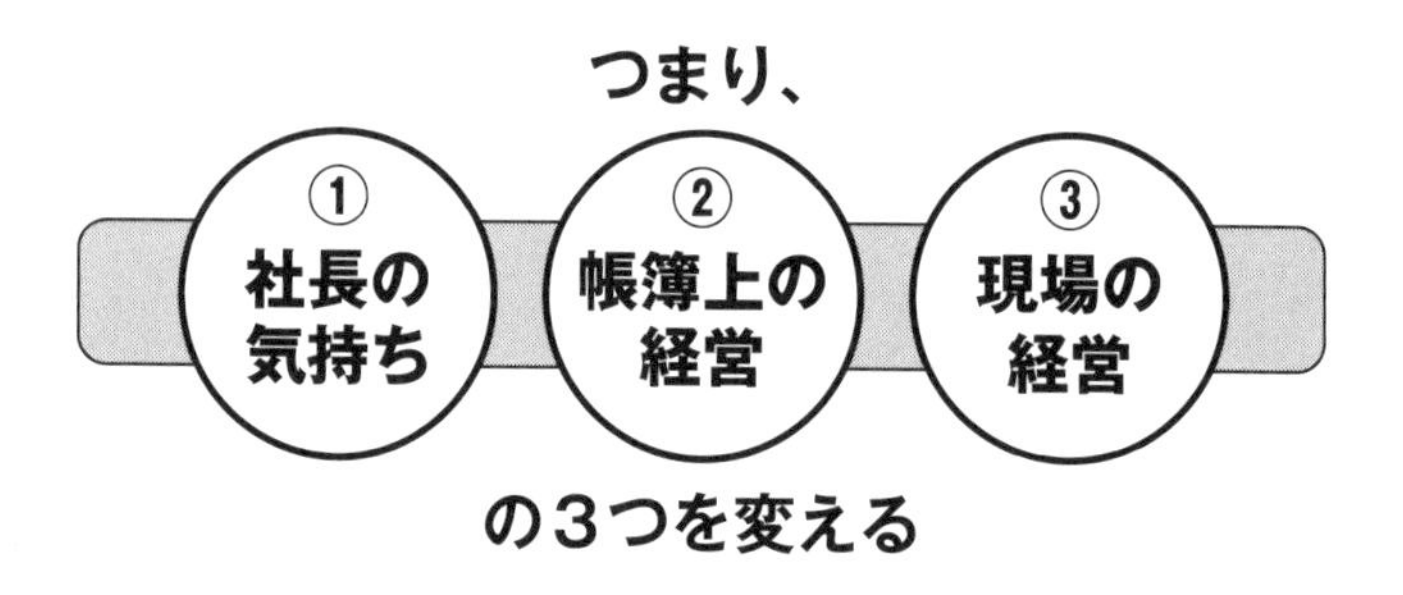

の3つを変える

第3章

お客が減らない店にする！①

「お店の健康状態」は、たった3つの数字でわかる！

――9割の社長が理解していない「いちばん大事なこと」――

1 お店の健診は「ＦＬＲ比率」で見るのが一番！

これからの時代を生き残るために、お金の話を最初にします。

「帳簿上の経営」を健全、良好にする方法についてですが、まず今のお店の健康状態を知る必要があります。

おそらくあなたは、**ＦＬ比率**とか**ＦＬＲ比率**という言葉を知っていると思います。

復習の意味で説明すると、**Ｆはフード**（仕入れ代：原価のこと）、**Ｌはレイバー**（労務費：社長も含めて現場で働く人たちの人件費）、**Ｒはレント**（家賃）です。

Ｆ（仕入れ代）とＬ（労務費）を足して、売上で割ったものがＦＬ比率。

それに家賃も足して売上で割ったものがＦＬＲ比率です。（３－１）。

お店が健康かどうかを判断する、一番わかりやすい数字はＦＬＲ比率で、これが**70％以下になっていると、営業利益が10％ほどになる**とされています。

●3-1　ＦＬＲ比率とは

飲食業の３大経費は、
原材料費(F)、労務費(L)、家賃(R)

(F+L+R)÷売上＝FLR比率

この比率が70%だと、利益が10%出る

営業利益が10％ということは、月商が300万円あると、30万円の利益が出るということです。この利益は、あなたの月収ではありません。あなたの労務費はすでに引いてあるので、それ以外に30万円が入ってくるということです。

また、ＦＬＲ比率が70％のときに利益が10％ですから、ＦＬＲ比率が80％になると、あなたの労務費は出ますが利益はゼロ、85％だと、あなたがもらえるはずの労務費が削られて、下手をすると店員より貧乏になります。この差は大きいです。

ＦＬＲ比率による健康診断は、自動計算できるエクセルシートを使って、のちほどくわしく説明します。

その前に、なぜ飲食店はＦＬＲ比率で考えるのか、という説明をして理解を深めていただきます。

2 立ち食いそば、高級そば店…どっちが儲(もう)かる？

ＦＬＲ比率という言葉が広まったのは十数年前からで、以前は**ＦＬ比率**だけで考えていました。なぜ仕入れ代（Ｆ）と労務費（Ｌ）を合計して考えるかというと、これらが飲食店の２大経費だから、というのも大きな理由です。

また、利益が出ないとき、大きく改善できる２大経費でもあります。利益が出ないとき、家賃の交渉は簡単ではありませんし、電気代をけちっても大した効果はありません。

しかし、仕入れ代や労務費の比率を少しだけ下げると、大きな金額が動きます。

たとえば、全体の３％しかない電気代を10％削減しても全体への影響は0.3％ですが、全体の30％ある仕入れ代を10％下げると、全体への影響は３％あります。月商300万円のお店がこれを達成すると、９万円の利益が生まれます。

またＦＬ比率は、合計の％も大切ですが、ＦとＬのバランスも大切です。理解を深めていただくために、クイズです！

老舗の洋食店がありました。このお店は、他の飲食店に卸売もしています。厨房の奥にコンロがたくさんあって、大きな寸胴が並んでいます。中身はカレールーで、作ったルーを寸胴のまま軽トラックで配送する、というやり方です。

卸売価格は、どのお店に対しても同じです。卸売先はいろんな業態で、スタンド式店舗（席はあるけど、立ち食いそば屋のようなお店）では、そのカレーを650円で売っています。また、ホテルの上階にあるレストランにも卸していますが、そこでは1400円で売っています。どちらもピーク時には満席になります。

また、この2店の売値は2倍ほど違いますが、営業利益率はほぼ同じです。なぜでしょう？

いかがでしょうか？　わからない場合は、図をヒントにしてください（3－2）。

図にあるように、接客側の業務は「案内」「受注」「配膳」「会計」「片付」という順に行われます。ホテルにあるレストランだと、この流れのまま行われます。また、1400円のカレーだと、先にサラダとスープ、それからカレーを運ぶなど「配膳」が複数回になることもあります。

一方のスタンド式カレー店はどうでしょう？　「案内」はなし。「受注」は券売機。「配膳」

●3-2　ホールの流れ

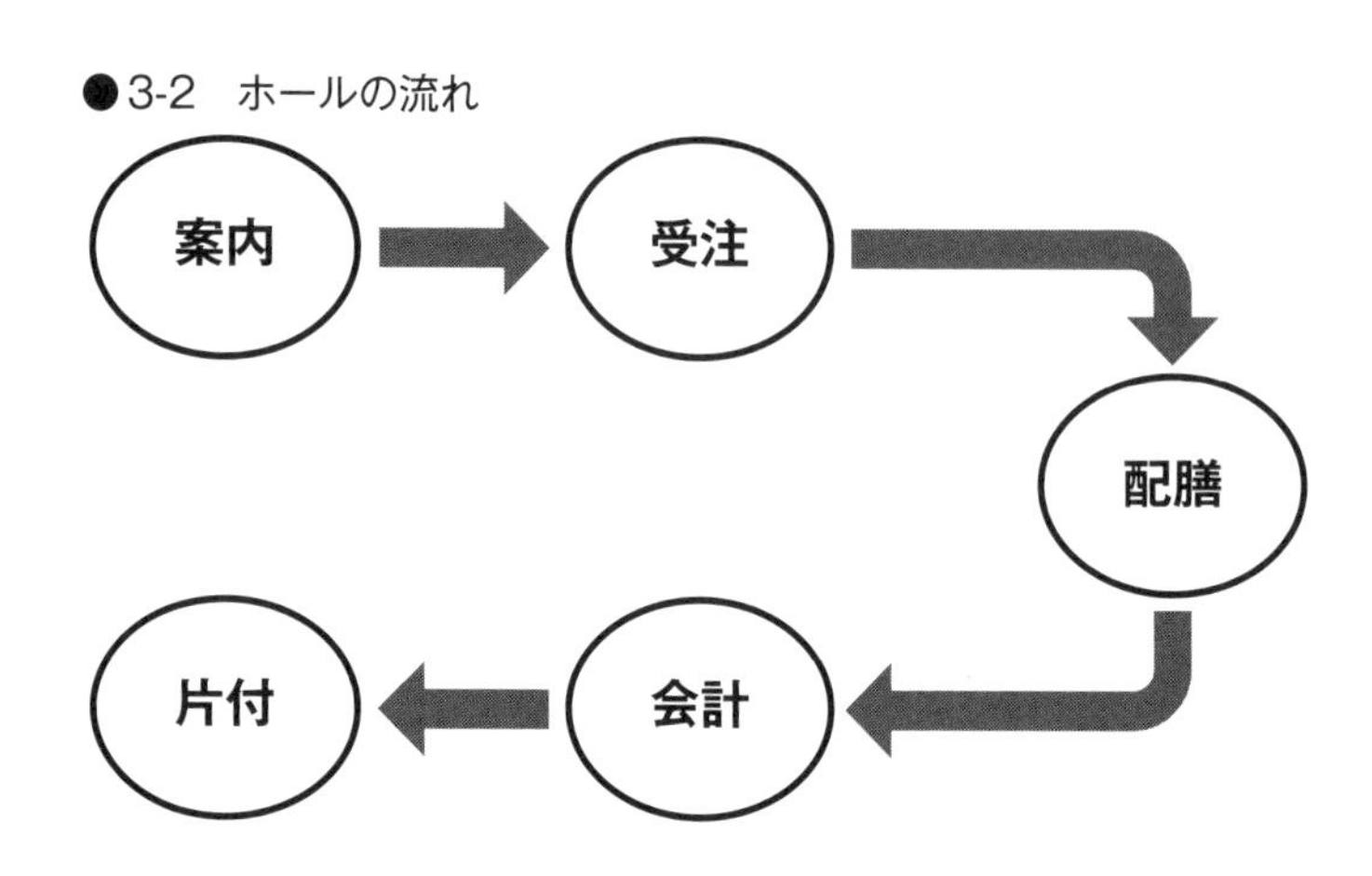

はセルフ。「会計」は終わっている。「片付」もセルフ。そう、接客側の人件費がかからないのです。

これは、そば店でも同じです。立ち食いそばだと、原価率が45％に近いお店もあります。ただし労務費は15％ほど、合計すると60％に収まっていたりします。

逆に、お座敷で2000円を超える天ざるそばが出てくるようなお店だと、原価率は25％をやや超えるくらいですが、仲居さんや職人さんの労務費が35％ほどかかり、合計すると60％ほどだったりします。つまり、一定の客数を確保していると利益率は変わりません。

フルサービスにして接客側を手厚くすると、原価率を下げないと利益が出ず、セルフサービスにすると、労務費を下げる工夫をしないと利益が出ません。

このように、ＦとＬのバランスは、業態（同じ食品を売る場合の、提供方法や価格帯の違い）を表した数字です。ですから、**単純にＦＬ比率の合計で考えるのではなく、「自分のお店の業態からして、いまのＦとＬの配分は適正か？」と考える必要があるの**です。

たとえば、やや高額帯のお店だと接客側の経費（Ｌ）はある程度の高さになるため、原価率（Ｆ）を低くしないと利益は出ません。なのに原価率が40％になっていたらどうですか？　ＦＬＲ比率は80％を超えて当然です。

また、同じような価格帯のカフェでも、加工品ばかり使用している場合は仕込みが減るのでＬが減り、加工品なのでＦが高くなります。逆に、ほぼ手作りのお店だとＬは高くなりますが、Ｆは下がります。手作りなのに原価率が40％を超えていたらどうでしょう？

さっきと同じなのです。

言いたいことは２つです。

①収益構造（ＦやＬやＲを、どれくらいずつ配分して、利益をどれだけ残す、と決めた目標）が壊れたら、利益は残らない

②もしあなたのお店がそうであれば、**値上げが必要になる**

さらに理解を深めていただくために、もう１つクイズです！

3 山間部から都市に出店、繁盛したけど儲からないのはなぜ？

ある寿司店から依頼を受けました。場所は地方都市（人口が50万人ほどの、その県では一番栄えている都市）の中心部、席数は30席ほどです。

ランチ時は行列ができるほど流行っていました。しかし、社長夫婦の月収は2人合わせて20万円ほどでした。社長の修行先は、この県の山間部にある3階建ての大型店舗だそうです（3階は師匠の住居スペース）。この社長によると、

「効率よくやっているので人件費に問題はない。原価率は師匠に教わった通りやっている」。

さて問題です。このお店は流行っているのに、なぜ儲からないのでしょう？

ヒントは、FLR比率です。

もうおわかりですね？　そう、R（家賃）とF（原価）の配分がおかしいのです。

修行先のお店は山間部。借りていても家賃が安いし、買っていてローンが済んでいれば

家賃はタダです。こういうお店は、原価率（Ｆ）を高めに設定しがちです。

一方、自分のお店は都市部の中心。坪当りの家賃は2万円ほど、30席なので仮に20坪とすると40万円の家賃（Ｒ）がかかります。これを払いながら利益を出そうとすると、原価率（Ｆ）を抑える必要があります。社長は、それを理解していなかったのです。

先ほど「以前は、ＦＬ比率だけで考えていた」と、お伝えしました。そのころ書かれた本では、「ＦＬ比率を60％に収めると、利益が10％ほど残る」という説明が多かったです。

しかしこの数字は、電車で通勤する人が多い都会（東京、大阪、名古屋など）の居住区エリア（多くの人が働くために通う駅ではなく、仕事が終わったら帰ってくる駅）の、駅前の商店街にあるような場合にドンピシャではまる数字です。このあたりの家賃は、ざっと坪当り2万円ほどです。


あるとき、銀座にある喫茶店の社長から相談を受けました。地下1階で、坪当り家賃が3.5万円でした。この場合、ＦＬ比率を60％に設定していると、家賃（Ｒ）が高いため利益は出ないので、原価率を下げて、ＦＬ比率55％を切りたいところです。

またあるとき、人口3万人の市にある社長から相談を受けました。このお店の坪当り家賃は0.3万円でした。こういう立地でＦＬ比率55％を目指したりすると、周りの競合店と比

●3-3　飲食店が「ＦＬＲ比率」で考える理由

ＦＬＲ比率は、商品単価の設定にも使えるから

ＦとＬは、大きく調整できるから

新規出店の目安になるから

ＦＬＲの比率は、業態と立地を表すから

計画を立てるとき便利だから

べて高すぎる店になってしまいます。

なぜＦＬ比率からＦＬＲ比率へと変わっていったか、ご理解いただけたでしょうか。

そうです、ＦＬＲ比率にすると、業態だけでなく立地の違いに合わせて各経費の配分を考えられるのです（というより、考えないと利益が出ません）。また、家賃が３番目に大きい経費なので都合がよかったというのも、理由の１つでしょう。

なお、先ほどの寿司店ですが、とても流行っているのに儲かっていませんでした。

この２つ、**売上と利益は別物**なのです。**儲かるかどうかは、ＦＬＲ比率を使った分析、目標設定によって決まります（帳簿上の経営）。**

流行る方法（現場の経営）については、次の章で説明します。

4 「人件費」…もっとも多い誤解例

ここで、よくある誤解についてお話しします。一番多い例からご紹介しましょう。

銀行の相談会に、個人事業主の方が来ました。自分でFLR比率の分析をしていました。「去年より儲かっているのに、FLR比率で計算すると去年より悪いんです」とのことです。

個人事業主の場合、確定申告書の「控除前の所得」が経営者の取り分です。

経営者の取り分は、

①働いた時間分の給料
②現場を管理した管理費
③株主としてもらえる、余った利益

の3つに分けることができます。

確定申告書に出てくる取り分には③も入っていますが、FLR比率の計算をするとき、

L（労務費）にこれを入れると変なことになります。なぜなら、儲かるほどLが高くなるので数字が悪くなり、損をしているとLが低くなるので数字が良くなるからです。ですから**FLR比率の計算をするときは、実際の取り分を無視して、「自分が店長として、同業種の他店で働いたらいくらもらえるか」、つまり①と②を合わせた数字（労務費）**で考えます。

これは、儲かったためLが高くなっていた例ですが、Lが低すぎるケースもあります。さきほどの寿司店は、夫婦の月収が合わせて20万円ほどでした。しかし本来は、店長として働く店主とホールをまとめる妻、どんなに低くても**2人合わせて40万円で計算すべき**です（このお店のFLR比率をこの方法で計算すると、90％を超えていました）。

たとえばこの寿司店が、大きな会社の子会社で、FLR比率が80％（赤字と黒字の境目あたり）よりも悪い数字が続いたとします。子会社なので夫婦には給料を払う必要がありますす。それが3年続いたらどうでしょう？　夫婦をクビにするか、閉店するでしょう。こう考えると、**80％は死守**する必要があります。

もうお気づきのように、これは株式会社でも同じです。役員報酬は、儲かり方によって調整されますが、FLR比率の計算のときはそれを無視して、労務費で考えてください。

すでに引退した先代の役員報酬（株主としてもらえる利益）は、計算に入れないでください。先代が週末だけ手伝ってくれるなら、月8万円ほどで計算してもいいでしょう。

5 税理士も誤解している！「利益」の考え方

その他の誤解について、税理士さんからよく質問されるのは、

「経営改善の計画書を作っていて、目標としてFLR比率が70％になるようにしても、利益率が10％にならないことが、よくあるんですけど？」

さすがに数字の専門家、正解です。**10％はあくまで目安**とお考えください。

利益率を減らすものとして多いのは、節税対策で余分な経費を入れている場合です。

よくあるのは、

・会社で入っている多額の保険料（完全な節税対策です）
・接待交際費（半分は節税対策なのでしょう。仕事帰りに毎晩使う飲み代が、すべて経費で入っている場合もあります）。

どちらも利益が出ていて、それを減らしているだけなので、あまり問題ないと考えてい

ます。

節税対策以外ですと、お店が新しくて減価償却費が多い場合、機械を買わずにリースしている場合もあります。減価償却費は出ていかない経費ですし、リース料は初期投資を分割しているだけなので、あまり気にしていません。

他にも、お店の事情によっていろんな経費が出るので、多少はズレます。

会計の知識がある人であれば、毎月、試算表を精査して利益を管理すればいいです。

しかし、多くの社長さんは数字の話が苦手です。ですから私は、数字が苦手な人でもわかる簡単な目安で説明します。**FLR比率は、たった3つの数字を見るだけで、「飲食店として健全かどうか」がわかります。**そして、**この数字を改善しないと、根本的な治療にならない**と考えています。

ただ、税理士さんの言うことも事実で、FLRだけを見ていられる時代は終わりつつあります。結論を言うと、FLR比率を70％に収めて、営業利益で10％を出せるのは、たとえば定食屋さんで、現金しか扱わず宣伝はまったくしないようなお店です。居酒屋でも同じで、キャッシュオンリー、宣伝は看板だけでムダな経費を使っていなければ、その数字を達成できます。

２０１０年代の後半は、広告宣伝費がやたらに多いお店がありました。**ホットペッパー**などの集客サイトに多くのお金を支払っていたためです。

２０２０年代に入ると、コロナ禍に入り、団体客を呼べないならと、その宣伝費をやめてしまいました。かわりに、「非接触」「ポイント還元」「設置無料」といったキャンペーンが行われ、電子決済が増えました。この支払手数料が、経営に影響するのでしょう、有名なラーメン店が電子決済をやめたり、居酒屋の宴会コースをキャッシュオンリーに戻したというニュースもありました。

個人的にですが、**広告宣伝費は売上の２％以内**にしたいと思っています。そのため、宣伝費を使いたがる社長には、**ＦＬＲＳＰ比率**（ＳＰ：セールスプロモーション。宣伝費のこと）というオリジナルの計算式で管理するよう提案したことがあります。また、宅配専門店の場合、包材費と決済費用をＦ（原価）に加えて計算することもあります。

「ＦＬＲ比率が70％なら利益率が10％」というのは、あくまで目安です。そして、ＦＬＲ比率とは、「帳簿上の利益」を管理する指標（目安）にすぎません。ですから、自由にアレンジしていいと思っています。ちなみに、**大手チェーン店の決算を見ると、利益率が７％～５％あれば良好なクラス**です。その他の経費が影響しているのでしょう（大手の場合、巨大な本部を運営する経費もかかります)。

あくまで目安ではありますが、各経費の目標を考えずに経営するのと、目標を考えて経営するのでは、まったく違うということはご理解いただけると思います。

「私はお店を経営しています」

「私はお店を運営しています」

この違いは何でしょう?

経営とは、〈計って営むこと〉、運営とは、〈日々の業務をこなすこと〉です。

店長として雇われていたときは、日々の業務をこなしていればいいでしょうが、社長になると、計る、つまり、**「こうなりたい」「こうしたい」という気持ち**が必要です。

そして、**目安を決めて、変わろうとする努力**が必要です。

以上が**FLR比率、つまり「帳簿上の経営」**の基礎知識です。今の現状を知るために計算に入りたいところですが、その前に、**「現場の経営」**の基礎知識をつけていただきます。値上げをしてもお客が離れないお店にするために、必須の内容です(計算については、5章から説明します)。

第4章

お客が減らない店にする！②

選ばれるための4つのポイント

――「ミステリーショッパー」に学ぶ「QSCA」――

1 「さっきのお店、どこが良かった？」…ミステリーショッパーとは

あなたが友達と飲食店を利用し、お店を出てから、「いい店だったね！」「まあ、いいんじゃない」「いまひとつだったな…」という会話になったとします。

このとき、どんな評価項目を使って考えていますか？


最近、**ミステリーショッパー**を利用するお店が増えています。

ミステリーショッパーとは、一般消費者に覆面調査員になってもらい、お店を利用した感想を記入してもらう方法です。

調査員を派遣する会社が、そのお店が求めている客層に合った年齢や性別、ふだん使う価格帯などを考慮し、調査員を派遣してくれます。チェック項目は会社によって違いますが、30～50ほどあるでしょうか。大きく分けると４つ（ＱＳＣＡ）に分類されます。

その中で、自店が知りたいことを中心に項目を決めて、利用してもらって点数と感想を

●4-1　ミステリーショッパーの評価項目例

Q（　点）	S（　点）	C（　点）	A（　点）
・商品構成	・最初のあいさつ	・駐車場	・外観の小物
・食材の質	・商品説明	・外観	・入口の工夫
・食材の組み合わせ	・アドリブ対応	・入口	・店内の質感
・味のバランス	・笑顔、歩き方	・床	・色のバランス
・温度管理	・目配り	・エアコン	・照明
・スピード	・最後の見送り	・テーブル回り	・温度
・盛り付け	・ハンガーなど	・キッチン	・壁面の工夫
・量	・カスターセット	・トイレ	・音（音楽など）
VS.価格			
・メニュー表			

総合　点

お客を満足させるためにできることは
QSCAに集約される！

書いてもらいます。いろんなチェック項目がありますが、定番は、

・メニュー表で、おすすめがすぐわかったか
・店員に商品の中身を質問したら、わかりやすい答がもらえたか
・ファーストドリンクは、何分で届いたか

といったものです。他には、

・花壇の花は枯れていないか
・カレーに盛り付けられた揚げ野菜は、立体的で美しいか
・一番、元気だった店員の名前は？

といった、依頼した社長が追加、アレンジしたような項目を見たこともあります。

2 マクドナルドと「QSCA」

さて、この「QSCA」とは何でしょう？

1937年、マクドナルドという兄弟がお店を始めました。戦争をはさんで苦難を乗り越え、とても速く均一な商品を提供できるお店に成長し、世間で注目されるようになりました。

1955年、この提供システムに興味をもった**レイ・クロック**が経営に参加し、FC（フランチャイズ）で店舗数を拡大しようとしました。しかし、拡大を急ぐクロックと欲のないマクドナルド兄弟とは、意見が合わないこともありました。

そこでクロックは、兄弟から経営権を買い取りました。今のマクドナルドの歴史はここから始まり、実質的な創業者はレイ・クロックとも言えます。

彼はその後、順調にFCの店舗数を増やしていきました。そのときに活躍したのが、**「QSC」**という考え方です。

Qは「クオリティ、商品の品質」です。**Sは「サービス、接客」**。**Cは「クレンリネス、清潔**

さ」。

飲食店は工場と違い、人が行う業務が大半です。そして、お店が増えてくると店舗ごと、人ごとに提供レベルに差が出てきます。それをなくすためにマニュアルを作ったのです。この考え方は、今や世界中の飲食店の従業員教育の基礎となっています。

その後、ＱＳＣの下に**「Ａ」**を入れる考え方が出てきました。**Ａは「アトモスフィア」**、つまり雰囲気（内装から感じられる空間のイメージ。外観から感じる店舗のイメージなど）のことです。

従業員を教育するときは、「お店をきれいにして」ですみますが、お客にとっては、清潔なのは当然で、もっと大切なのは**「居心地のよさ」**です。ですから、教育ではなく経営・顧客満足という視点で見ると、「Ａ」が必要と考えられるようになったのです。

それらについて書かれた本を読むと、

「お客は、単にものを食べに来ているのではない。快適な空間で、快適な接客を受けながら、食事の時間を楽しむために来ている」

などとあります。

顧客満足という視点で、口コミ投稿ができるサイトがいろいろあります。

２大サイトといえば、Google マップと食べログです。

●4-2　ＱＳＣＡとは

Q　品質：クオリティ
S　接客：サービス
C　清潔さ：クレンリネス
A　雰囲気：アトモスフィア

Googleマップのお店の評価項目は、「食事」「サービス」「雰囲気」です。

食べログの評価項目は、「料理・味」「サービス」「雰囲気」「ＣＰ（コスパ）」「酒・ドリンク」です。

このように、**ＱＳＣＡはスタンダードな基準で、お客は無意識のうちに、この基準の中の細分化された項目を使って、お店を評価していたのです。**

一方、これらの基準以外で、お店を選ぶ（通う）お客もいます。たとえば、「安い」「近い」「なんとなく」の3つが代表例です。

この場合、高い満足度を求めずに来ているのでしょうが、もしそのお店が値上げしたらどうでしょう？

おそらく危険だと思います。

3 「不満足をなくす」方が簡単！

次にこの基準を使った、お客の「満足」と「不満足」の関係について説明します。

ラーメン店があり、サラリーマンがたくさん来る狭いお店で、繁盛していたとします。

こういうタイプのお店の場合、ＱＳＣＡのうち重要なのは、やはりＱ、商品力でしょう。

経営者はその一杯を完成させるまでに、スープ作りの試作を重ね、チャーシューの部位や煮込み時間を決め、麺を選ぶなど、たくさんの努力をしたでしょう。

その味が好きで通っていたお客がいたとします。

あるとき「今日はちょっと湯切りが甘くてスープが濁ってるな」と感じたとします。

しばらくたった日には、「今日の麺は、ゆですぎだ」と感じたとします。

さらにある日は、順番を間違えられて提供が遅くなったとします。

どんなにそのラーメンの味が好きでも、短い間に3回もハズレがあれば、確実に来なくなるはずです。

そうです、これが「不満足」です。

言い換えると、

「満足する要因が大きければ通ってくれる。**不満足な要因が、満足の要因を超えると、通わない**」

ということです。

観光地にあるインバウンド向けのお店や、お祭りに出店する屋台などは別として、飲食店は**「何度も通ってもらって、成立する商売」**です。

そのためには、**不満足にさせることを減らす**必要があるのです。

ときどき、

「満足度を高めるのと、不満足をなくすのと、どちらが難しいですか?」

と、質問されることがあります。

私は、日々、目の前のお客と真剣に向き合うという姿勢になれれば（開店当時の気持ちに戻れれば）、**不満足をなくす方が圧倒的に簡単**だと思います。

4 お店をきれいにすると、お客が増える？

不満足をなくす理由は、「通い続けてもらうため」だけではありません。

どんなお客にも、初めての来店があります。そのとき気持ちよければ（満足度が高ければ）２回目があります。そのときも気持ちよければ３回目があり、次の４回目の来店あたりから、通ってくださるお客の仲間入りとなります。

また、どんなお店にも多少の離反客（来なくなるお客）がいます。その客数よりも、新しく通ってくれる常連客が増えれば、売上は増えます。そのために大切なのが、**「初めてのお客に、もう1回来てもらうこと」**です。

そのために必要なのは、やはり満足度を高められる商品力や、カフェであればこだわった空間の雰囲気でしょう。

しかし、店員に愛想がなかったり店員同士で話ばかりしていたらどうでしょう？

商品力や雰囲気で上がった満足度が、接客で下がります。下がり方が小さければ次の可能性はありますが、大きければ、次はないでしょう。

接客による私の残念な経験をお話ししましょう。

初めて入った定食店でカウンターに座ったら、

「食券は？（まだ買ってないの、という様子で）入口の隅に券売機あるんで」

と、言われたことがありました。


初めての居酒屋で、「おすすめは何？」と聞いたら、店員が、

「少々お待ちください」

と答え、店長にたずねたあとで、

「ぜんぶ、おすすめです！」

と、言ってきたこともありました。

どちらのお店も商品力は評価できましたが、食べる前から「再訪はない」と決めていました。これが、**不満足による取りこぼし**です。これをなくす必要があるのです。

初めて来店したお客が2回目に来る割合は、かなり下がります。3回目に来る割合も下がって、4回目あたりから下がり方がゆるやかになります。

もし、初めて来店したお客が2回目に来る割合を増やせたら、新規の常連客はかなり増えて、売上が増えます。

では、どうすればいいのかというと、
「初めてのお客に、優しいお店」
になることです。

初めてのお客を取りこぼさないために、簡単にできることがあります。マクドナルドの話の中で紹介した、**C（清潔さ）を保つこと**です。

衛生面に敏感なお客は、汚いお店を嫌います。**トイレが臭い、床が黒ずんでいる、エアコンの吹き出し口にホコリがたくさんついている。**こういう環境で食事をすることを嫌うのです。

お店をピカピカにしても、「うわー、きれいなお店だし、また来たい！」とはなりません。清潔さは満足度を高める力は弱く、不満足をなくすために必要なものです。ですから、きれいなことを理由にお客が増えることはありませんが、**汚いことを理由に2回目をやめるお客は減らせるので、通うお客が増える確率が高くなります。**

また、清潔さを保つことは、姿勢を正すという意味で、従業員教育にもつながります。

そして、接客のような人を相手にする仕事と比べると、簡単です。それだけで取りこぼしがなくなるなら、やる価値はあるでしょう。

5 スマホでアンケート、Googleマップ、食べログの活用法

ここまで読まれて、

「うちも、何かしないといけないな」

「うちって、お客からどう見えるんだろう?」

と、考えていらっしゃるのではないでしょうか。

何をすべきかについては、接客と商品を中心に、後ほどくわしく説明します。

今、お店がお客からどう見えているか、知る方法がいくつかあるので、紹介します。

まず、**スマホでアンケートをとる**という方法があります。スマホを使う理由は、回答してもらうためにLINEに登録してもらい、イベント情報などを届ける際の**顧客リスト**を作りたいからです。

この方法のメリットは、何といっても「顧客リスト」が作れることです。新しい行動を起こすとき、それを伝えるルートが決まっていると、とても楽です。

デメリットは、たとえば「商品」「接客」「清潔さ」「雰囲気」、つまりＱＳＣＡの項目ごとに数値を入れてもらうところまではいいのですが、その後のフリーアンサー（これがよかった、これがいやだった、という感想）を書いてくれる割合が低くなることです。

なぜなら、この方法は、次回から使えるクーポンなどをつけることで回答してもらうわけですが、面倒な「フリーアンサー」を書かなくても、クーポンはもらえるからです。

次に、**ミステリーショッパー**を頼むという方法もあります。

この方法のデメリットは、登録、派遣とお金がかかるので、多くの場合は（店側が）調査員の数を少なくすることです。たとえば月商300万円のお店で、客単価３０００円だと、月に１０００人の来店があります。このお店で３人ほどの詳細なアンケートをとっても、効果に疑問を感じます。

一方、メリットは、調査を始める前にチェック項目を考えられることです。**派遣会社さんとの会話の中で、自分で気づかなかったような盲点に気づく可能性は高いです。**

最後に、一番簡単な方法をお伝えします。それは、**Google マップと食べログの口コミを、すべて読む**ことです。

この2つへの投稿には共通点があります。常連ではない人の投稿が多いことです。

つまり、**「自分のお店は、初めてのお客にどう見えるか。優しいお店になっているか？」を理解しやすいのです。**

まず口コミ内容（利用した感想）ですが、食べログの方がしっかり書かれています。投稿者名の横に「口コミ　◎件」と書かれていますが、それがこの人が投稿した数です。100件を超えるような人が多くいます。ひんぱんに外食して感想を書く、**セミプロのような人の感想を知ることができる**のが大きなメリットです。

Googleマップは、その場でさっと書いたような軽い口コミが多いです。「私が利用した感想を、皆と共有したい」という気持ちで投稿しているのでしょう。そのため食べログのように、「商品」「接客」「雰囲気」に分けて書いたり、食べた商品のすべてについて感想を書いたりしてある割合は低いです。

そのかわり、**特に印象的と感じたこと**が書かれていたりします。近所のラーメン店の口コミを確認したとき、「カウンター席に座ると、床がすべる」という感想が3つもありました。

感想を読むとがっかりすることもあるでしょうが、ある意味、自分で気づいていないことが書かれた宝の山です。

「提供時間が遅かった」と書かれていた場合、間違っても、「忙しい時間帯に来たんだろうな、**たまたまなんで仕方ない」などと思わないでください。**

忙しい時間帯は、いろんな人が来ます。初めての人も2回目の人も来ます。

そして、初めても2回目も、一度しかありません。そのチャンスを拾えるか偶然として逃すか、これが売上の差を生みます。


お店に対する点数は、総合点だけでも入れられますが、先ほどお話ししたように「商品」「接客」「雰囲気」の項目にも点数を入れている人がいます。

これもしっかり見てください。

たとえば、商品が5点で、接客と雰囲気が3点だとしたら、まだ満足度を高めることができる、つまり常連を増やす余地があるということです。

6 「付加価値を高めろ！」…銀行の言葉の意味

あなたは銀行や税理士さんに、「付加価値を高めてください」「高付加価値化が必要です」などと言われたことがありませんか？

仕入れ代が高くなり、借金の返済が始まって、この言葉がよく使われるようになりました。「付加価値」とは、簡単にいえば、人件費や設備投資分を仕入れ代に上乗せすることです。

付加とは、「付け加える」ことです。たとえば、こんな場面を考えてみましょう。

真夏の晴れた日に、コンビニもない田舎道をドライブしていたら、自販機があった。のどが渇いていたので車を停めた。パラソルとベンチがあったので、座って150円の缶コーヒーを飲んだ。

もし、これが喫茶店だったら？　エアコンの効いた涼しい店内で、店員が運んでくれる淹(い)れたてのコーヒーを飲めます。

ただ、お店としては人件費がかかるし、お店を作ったときの経費を回収する必要があるので、500円で売ることになります。

このお店で出されたコーヒーがとても上質で、運んできた店員が、「何もないところで不安だったでしょう。今日は、どちらからお越しですか？」などと声をかけてくれて会話が弾んだり、店内に面白そうな本がいっぱいあるので「ゆっくりしていいんだな」と感じて長居したらどうでしょう？

この場合、お店が付加した人件費などよりも高い満足度があるので、500円以上にお金を払っても文句なし、いや楽しい思い出となるでしょう。

付加価値を漢字で分解して表現すると、「付け加えて」「価格に値する満足を提供する」ということです。飲食店で付加するのはＱＳＣＡ、つまり**「商品」「接客」「清潔さ」「雰囲気」**です。

今よりも高付加価値化するとは、かけた経費以上に「価格に値する満足を提供する」ことです。たとえば商品の完成度が高ければ、仮にまったく同じ材料を使っているお店があったとしても、そこより高く売れます。

食材の希少性が高い、またはそこでしか食べられない商品がある場合も同じです。

●4-3　高付加価値とは

付加価値とは

⇒（提供する価値ー仕入れてきた元の価値 ＝ 付加された価値
＝ 主に労働によって足された価格分）

高付加価値化とは

⇒（かけた手間・費用以上に）価値があると認められるものを
加えること

飲食店で使う「付加価値」という言葉の意味

⇒ 基本は、**加工費用・受注とお届け費用・場所提供費用**

高付加価値化するには…

・加工費用　⇒　料理の完成度・希少性・代行に対して
・受注とお届け費用　⇒　気遣いへのお礼として
・場所提供費用　⇒　快適な時間を過ごせる場所に対して

⇒ 総合的な**感動（感謝）への対価**にすること（お客が喜ぶポイントを
押さえて、高い対価をもらえるようにすること。※取りこぼし厳禁）

かき揚げという商品がありますが、原価率は低いです。ただ、自宅では作れないので高くても売れます。

接客だと、ただ運んでくるのではなく、「気配りされている」と感じるお店は、かけている人件費以上に付加価値が高いです。

お店の雰囲気でいえば、定期的にオブジェが変わっていたり、自分の好きなＢＧＭのチャンネルだと居心地がいいので、少し割高でも満足できます。

つまり、かけたコスト以上に価値を感じてもらえる工夫をすれば、価格を高めに設定できます。

7 生き残る店に必要な2つの視点

ここまでのお話をまとめます。

図４－４を、ごらんください。

飲食店は、人件費（L）や食材（F）、設備投資や宣伝費（SP）などをかけて経営されます。かけた経費が、より大きな売上に変われば儲かります。

売上を増やすには、流行る必要があります。

流行るために必要なのは、QSCAのレベルを高くすることです。簡単にいえば、「楽しいお店」であればいいわけです。

ただ、やりすぎると儲かりません。

そこで経費を確認する必要があります。それが**FLR比率**です。

図には**SP**も付けていますが、これはセールスプロモーション、宣伝費のことです。これらをコントロールすると儲かります。

●4-4　流行って儲かる飲食店

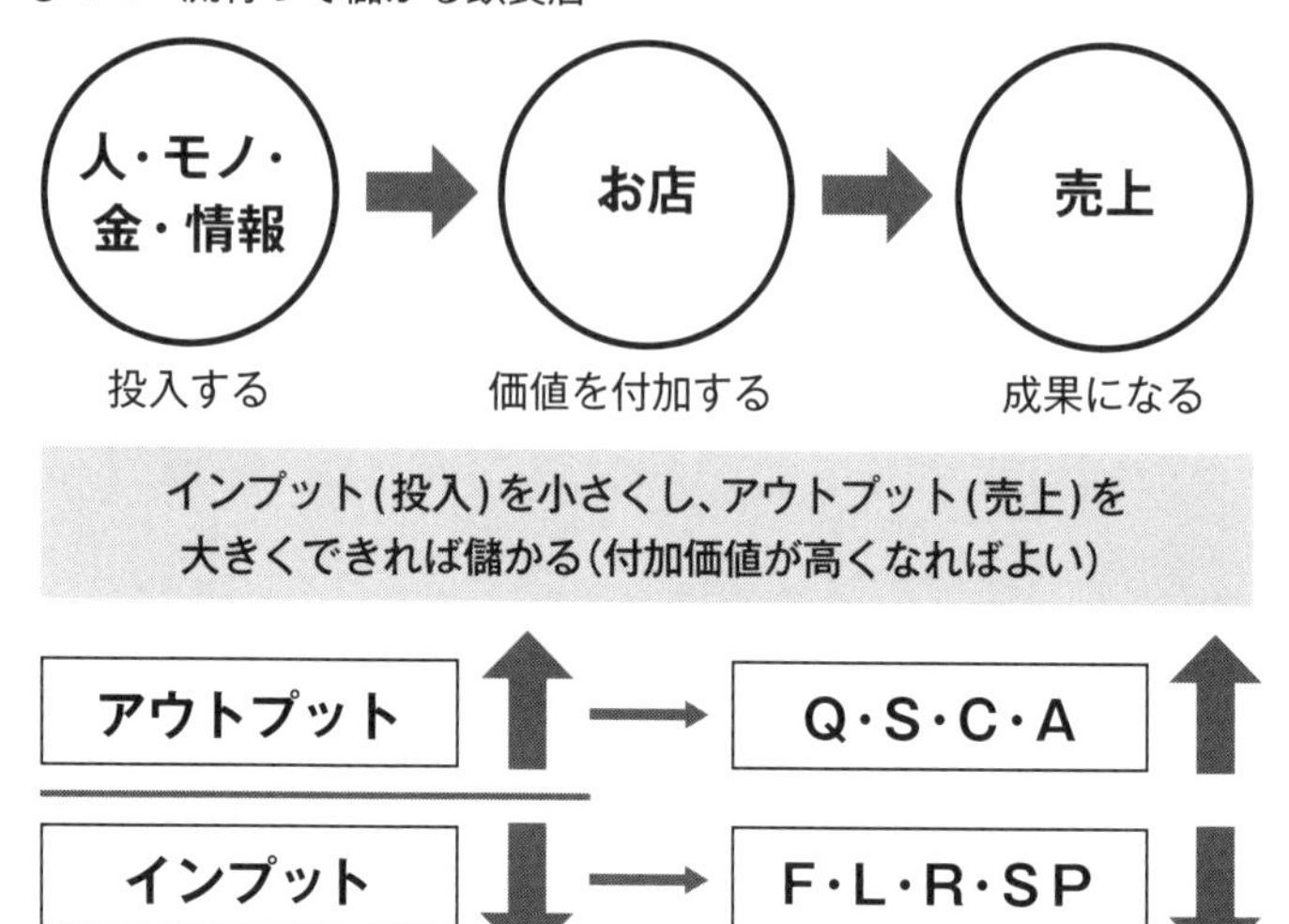

飲食店経営にはこの2つの視点が必要です。

経費のコントロールを、私は**「帳簿上の経営」**と、今よりいいお店にすることを**「現場の経営」**と呼んでいます。

以上が、ここまでのまとめです。

ここからは、値上げしてもお客に選ばれ続けるお店になるために、この2つをよくする、なるべく簡単な方法を、なるべく簡単に説明します。

第5章

お客が減らない店にする！③

黒字店がやっている「逆算」のコツ

——大手チェーンのノウハウをムリなくアレンジ——

1 FLR比率を計算する①

あなた（社長の家族）の給与確保が大前提！

ここから、お店を今よりよくする、値上げしても客数が減る心配をしなくていいお店にする方法をお話しします。

まず、現状を知るためにFLR比率を計算します。社長と家族の給与は適正価格で計算してください。表5－1は、ある個人事業主の確定申告書です。

個人事業主の場合、家族の給与が「専従者給与」、社長の給与が「控除前の所得」の欄に書かれています。①がそれですが、FLR比率を計算すると78％となります。

しかし、社長と家族の所得が合わせて年収240万円、月収で20万円。これは適正な給与とは言えません。2人で働くなら最低でも月収40万円（他店で働けばもらえる月収）にはなるはず。その数字で計算したのが②です。FLR比率が88％になりました。

70％を達成できたら営業利益が10％、80％なら営業利益がチャラ、自分たちの労働分ギリギリの収入しか出ないというのが、この計算式の読み方です。このお店の場合、88％になったので、自分たちの月収を切り崩している状態（**「かくれ赤字」**）とわかります。

2

FLR比率を計算する②

「確定申告書」から記入するだけでOK！

他人の具体例を見ると、計算に興味がわいたのではないでしょうか？

では、実際に計算を始めましょう。準備するのはコロナ前（2019年）の確定申告書と、直近の確定申告書です。

●5-1　適正な賃金で計算する

個人事業主（Aさん）の記入例

①

	年額（1000円単位）	比率
売上	25,000	100%
売上原価	10,320	41%
雑給	4,000	16%
法定福利費	600	2%
地代家賃	2,160	9%
その他経費	3,300	13%
専従者給与	860	3%
控除前の所得	1,540	6%
FLR	19,480	78%

②

	年額（1000円単位）	比率
売上	25,000	100%
売上原価	10,320	41%
給与	0	
雑給	4,000	
役員報酬	4,800	
法定福利費	600	
人件費計	9,400	38%
地代家賃	2,160	9%
FLR	21,880	88%

計算するためのフォーマットは、巻末からダウンロードできます。フォーマットは、表5－2のとおり、3つの表でできています。

何をするかというと、まずコロナ前のFLR比率と直近のFLR比率を計算して、比べます。その違いを意識しながら、今後の目標売上、目標利益を決めます。この目標は年商レベルなので、月商レベルの売上まで落とし込んでゴール（これは後ほど、別のフォーマットで）という流れで進みます。

3つの表のうち2つは、数字を入力するだけで自動計算されます。ただ、計算式の横のページに記入方法の説明文があり、「人件費だが、まず家族以外に支払われている金額を記入する。（青色申告であれば、給与賃金と書かれた数字。法人であれば、給与・雑給と書かれた数字）」「製造原価の表のうち、労務費にある金額も…」などと書かれています。

経理に慣れていれば、ご自身で行ってください。不慣れなら、税理士さんや加入している商工会議所の職員さんにお願いしてもいいです。もし知人に、商業簿記2級以上の知識がある事務員さんがいれば、頼むのもいいでしょう。慣れている人だと、30分ほどで計算できます。

●5-2　自社の＜FLR比率＞を計算する

①コロナ前

2019年	額（1000円単位）	比率
売上		
F：売上原価		# DIV/0
人件費（役員以外）		
法定福利費		
人件費（役員）		
L：人件費計	0	# DIV/0
R：地代家賃		# DIV/0
FLR	0	# DIV/0

平均月額（単位：万円）＝　0

②直近

2019年	額（1000円単位）	比率
売上		
F：売上原価		# DIV/0
人件費（役員以外）		
法定福利費		
人件費（役員）		
L：人件費計	0	# DIV/0
R：地代家賃		# DIV/0
FLR	0	# DIV/0

平均月額（単位：万円）＝　0

・現状の経費で、FLR比率＝70%になる売上　# DIV/0

・現状の経費で、FLR比率＝80%になる売上　# DIV/0

・目標としたい、各比率　F＝　%、L＝　%、R＝　%

③未来

2019年	額（1000円単位）	比率
売上		
F：売上原価		# DIV/0
人件費（役員以外）		
法定福利費		
人件費（役員）		
L：人件費計	0	# DIV/0
R：地代家賃		# DIV/0
FLR	0	# DIV/0

平均月額（単位：万円）＝　0

※売上原価は、30%なら30、40 5なら40と入れる

大切なのはここから。過去の数字を見て未来を作る業務です。過去の2つの表を見ながら、**「これからは、どんな原価率、人件費率、家賃比率にするのか？　そのための売上目標はいくらか？」**と考えるところからが本番です。

まずは過去の表（①コロナ前）を埋めてください。真ん中の表（②直近）の下部に、「現状の経費で、FLR比率＝70％になる売上」と、同じく「80％になる売上」という項目があり、その数字が自動計算されます。

その数字を見て、「えっ！　こんなに売上が必要なの？」「ムリだよー」とビックリされる方が、たくさんいらっしゃいます。

この場合、**経費を見直した方が楽な場合もあります。**

目標とする経費の比率について、もう少し説明します。

3 FLR比率を計算する③ 大手チェーンが「値上げ」を続ける3つの理由

まず原価率ですが、値上げをすれば解消されます。

食材費は、ウクライナ侵攻から急に上がって15％から20％ほど高くなっています。15％上がったら15％の値上げをすれば元の原価率になり、売上も15％上がる、というのが基本の考え方です。

一気にそうすると客離れが起きやすいですが、**数回に分ければ、何とかなっているお店が多い**です。

しかし、今のお店の現状では「値上げは怖い」と思っている方もいらっしゃるでしょう。

ここで、なぜ大手チェーンは年に何度かの値上げをずっと続けているのか、お話ししましょう。

3つ目の理由を見ると、あなたの考え方も少し変わるかもしれません。

①仕入れ代が固定されている

大手チェーンの場合、3カ月などの単位で仕入れの契約をし、その間は価格が固定されています。

そして、契約更新の前に次の価格交渉が行われるので、いつから何が値上りするのかを把握できます。影響が大きい食材が高くなれば、仕方なく値上げを検討します。

②客数が、あまり減っていない

大手チェーンは、何度かに分けて値上げをしてきました。一気に20％も上がれば客離れもあるでしょうが、数パーセントの値上げを繰り返したので、それほど客数は落ちてはおらず、むしろ増えているお店もあります。

前回の値上げから2～3カ月後の客数を見て、前年の同じ月の客数と比べた増減をチェックし、「大丈夫だった」と判断すれば、次の値上げについて考えています。

ちなみに、ランチ時に行列ができている有名な個人店が、何度か値上げを重ねている様子を見かけます。こういうお店の場合、**長い行列が短い行列になってもピークタイムの客数は変わらず、客数の影響は閉店前の30分あたりからです。だから、気楽に値上げができるのです。**

原価率が高騰しているラーメン業界の名店だと、2年で25％値上げした例もあります。

③ 逆算している

なぜ値上げするかというと、利益を確保するためです。そのために、逆算をしています。ここが、小さなお店との一番の違いです。

「仕入れ代が上がって、原価率が何％ほど悪化する。だから新商品を投入して同時に値上げする。これにより、原価率を改善しながら利益を確保する」

というように考えているのです。

先ほど、「経営とは、計って営むこと」と書きました。

過去の数字を見るだけではダメで、その数字を改善して未来の数字をどうしたいのか決める。

「こういう数字になっちゃった」ではなく、

「こういう数字にする。そのためにはどうすればいいか？」

と、考える。これが「計る」ということで、それをして初めて、「お店を運営している」ではなく「お店を経営している」と言えます。

早く「今より、いいお店」にして、気持ちよく値上げの決断をしましょう。

FLR比率を計算する④

人件費は「予算制」、家賃は「家賃比率」で

人件費（「FLR」のL）の比率は**「予算制」**にするといいです。

「来月は、これくらいの月商がある。それに対して何％の人件費が使えるから、自分と社員の人件費を除くと、パート代がこれだけ使える」

というように考える、ということです。

原価率（F）と同じで、「結果的にそうなる」ではなく、「これだけの利益を残すためにこうする」と考えるのです。

なお人件費については、削減する方法があるので、次の章でお話しします。

家賃（R）は、金額のコントロールができないので、**家賃比率**で考えます。

昔、（FLR比率ではなく）FL比率で考えていた時代には、**「家賃比率が10％以下になる売上を目標にする」**と書かれた本がありました。

これは現在も変わらない目標値で、地方都市、都会でも居住区エリアであれば、これでいいです。

ただ、都心の一等地だと家賃が高く、ＦＬ比率自体を低めに設定していることが多いので、10％を超えても大丈夫です。

ただし、**15％を超えると、黒字化は難しい**です。

この本の冒頭で、

「今の飲食店の8割は赤字。赤字店のうち上から2割のお店（3ページの図の❷）は、値上げすればすぐに黒字化できる。次の3割（同❸）は、工夫すれば黒字化できる」

と書きました。**上から2割のお店には、この家賃比率をクリアできている店が多く、次の3割のお店はできていないことが多いです。つまりお客からの支持が不足している状態なので、売上増加を目指す必要があります。**

今は未来の目標を考える段階なので、売上をいくらと書いても自由です。

しかし、自分で無理だと思っている数字を書いても、何の役にも立ちません。

また、確定申告書をベースにしているため、年商、つまり1年間の数字を混ぜ合わせた資料で考えるようになります。これでは売上を増加させるイメージをしにくいので、確定申告書という塊をもう少し分解して、イメージしやすくしましょう。

5 年商を「月商」に分ける①
「季節変動指数」から見えてくる売上アップ策

まず、年商を月商に分解する方法を考えるにあたり、「季節変動指数」について説明しましょう。これを使って売上増加を考える方法を知っていただきたいからです。

毎月の売上は、月、季節によって変動があります。この数字を**「季節変動指数」**と言います。もし、毎月の売上が同じであれば、1カ月の売上が1年の売上に占める割合は、「100%÷12カ月」なので、8.3%。ただ、こうなっているお店を見たことがありません。

一番近かったのは、大きな工場の中にある社員食堂でした。1月・2月・5月の売上がやや落ち、それ以外はほぼ同じなので、比率も同じようになっていました。1月・2月・5月は、休みが多い（営業日が少ない）ので売上が落ちているだけなのです。

逆に、変動が大きいのが観光地にあるお店、またはアルコールがメインの居酒屋などです。居酒屋の場合、宴会シーズンに売上が増えるので、それ以外の月の比率が下がります。

私がこの比率を見て改善する方法を考えるとき、まずは「8.3%（平均値）から1.7%ずれた月」を確認します。上向きに1.7%ずれた比率は、**10%**です。これを超える月を見つけたら、その周囲の月、または10％に近い月の比率を見ます。

それから、お店のポテンシャル（実力と、席数など）を見て、伸びしろがあると感じれば、10％を超える月の売上をさらに伸ばす方法を考えます。

別のパターンでは、10％を超える月はすでにMAXに近いと感じれば、その周囲の月か9％台の月の売上を増やせないかと考えます。

逆に、8.3％（平均値）から下向きに1.7％ずれた月（6.6％以下）を見つけて、売上を増やす方法を考えることもできます。ただしこれは、すぐに効果は出ません。

お客が来たいと思っている月の売上は、増やしやすいです。逆に、**来たくない月の売上を増やすのは難しい**です。

弱いお店であれば、MAXにできそうな月の売上を増やす。

そこをクリアしているお店なら、次のMAX候補を探す。

それもクリアしていれば、弱い月の対策を考える。

これくらいのスタンスがいいと思っています。弱い月の売上を増やそうとする場合、最初は効果が出にくいことを前提に、長い目で見守ってください。

売上が多い月は、あふれて周囲の月に回りやすいです。そこそこ売れる月も同じで、こういう月は新規客や久しぶりに来たお客もいるので別の月の売上につながりやすいわけです。

6 年商を「月商」に分ける②

うどん店の「季節変動指数」「昼夜マトリックス」から作戦を立てる

より理解を深めていただくために、実際の例をご紹介しましょう。

あるとき、人口5万人ほどの市にあるうどん店（B）さんから依頼を受けました。知らない町だったので、人口密度や電車、道路の状況を調べ、確定申告書もチェックしました。そのお店の季節変動指数が、表5-3です。

食事メインのお店の場合、季節変動は小さくなります。このお店の場合、平均値に近い月が多く、10％を超える月と、6.6％を切る月は、1回ずつです。ただ、それなりに山がありますね。**疑問と推測は、発想の元**です。あなたのお店の改善にもつながるので、じっくり見て「この月は、なぜこうなる？」と考えてみてください。

私が感じた疑問と推測は、こうです。

暑い時期、6月～9月の4カ月で、全体の約35％の売上があります。

食事メインの商売の場合、夏の売上は落ちます。8月は夏休みで子供連れが増えたと仮

●5-3　うどん店Bの例（40席：昼夜営業）

2022年	額（1000円単位）	比率
年商	38,500	
1月	2,503	6.5%
2月	3,119	8.1%
3月	2,734	7.1%
4月	2,779	7.2%
5月	3,249	8.4%
6月	3,388	8.8%
7月	3,273	8.5%
8月	3,504	9.1%
9月	3,273	8.5%
10月	2,926	7.6%
11月	3,658	9.5%
12月	4,113	10.7%

・1月は良くない　・夏が悪くない　・12月が良い

●5-4　うどん店Bの「昼夜マトリックス」

単位：万円

	昼	夜	備考
平日	9.5	2.5	ロードサイド店なので、ランチは店前を通るサラリーマンと、近隣のサラリーマンが多い
土日	11.5	3.5	近隣のファミリー層と、少し離れたエリアからのファミリー層が多い

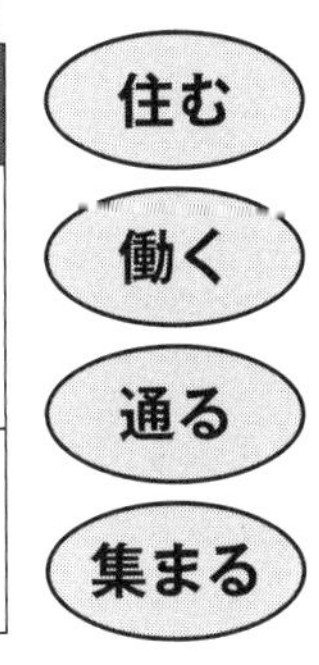

定しても、それ以外の月も落ちていません。なにか夏用の商品がある可能性が高いです。

次の疑問が、1月です。日数の影響があるかもしれませんが、12月の売上とずれすぎています。12月は、年越しうどんのような販売をしているのかもしれません。そんなことを考えながら現地に行ってお店を利用し、ヒアリングをしました。

まず夏は、冷たいぶっかけうどんが売れるそうです。トッピングの中で売れている2種を食べてみましたが、オリジナリティが高く完成度も高いものでした。

1月は正月旅行で5日の休暇を取っているとのことでした（営業日数の16％）。

12月は、年越しうどんではなく、うどんすき（魚介類などを入れた鍋料理）をメインにした宴会コースを、この月限定で予約受注していることがわかりました。

つぎに、売上を昼と夜、平日と土日に分けてもらいました。それが**「昼夜マトリックス」**と書かれた表です（5－4）。

実際に利用したとき感じたのですが、昼はウェイティングが発生しているのに、夜はガラガラでした。土日の方が昼の売上が多いのは、サラリーマンと違っていろんな時間に分散してファミリー層が来ているからです。

この2つの表（現実）から、できることを考えました。

まず昼の売上は、オペレーションに改善の余地があると私には見えたので、提供時間が速くなるように少しだけ変更しました。これが全体の底上げになります。

季節変動指数については、12月に宴会需要があるので、両隣の11月と1月にも需要はありそうですし、鍋料理なので3月の送迎会までは引っ張れます。

ですから、うどんすきの宴会を冬季限定でやることにしました。うどんすきを冬季の夜限定でファミリー層向けに売ることも提案しましたが、「食材のロスが怖い」とのことだったので、やるとしたら次の年からとなりました。

かわりに、夜に軽いおつまみメニューを加えました。日持ちのする板わさと、揚げ物にしました。そのお店に飲みに行くという習慣が、現状ではお客にないのですから、今年の効果はゼロに近いです。ただ、「あのお店は飲める」というイメージを刷り込む効果はあります。

このお店は、

・昼は強く夜は弱い
・12月は強くて夏場はそこそこ

が特徴です。

まずはMAXに着目する。次にそこから広がりそうな月（商品）を探す。ついでに、弱い部分の対策も考える。これが、早く売上を増やすための手順です。

7 この考え方で未来が見える！

時間帯、客層、メニューのカテゴリーを分ける

「昼夜マトリックス」という考え方は、どの業種でも使えます。

夜のみ営業の居酒屋なら、昼夜ではなく「早い時間」と「遅い時間」にして、土日と書かれた部分を「金土」にしてもいいです。

夜営業をしないカフェなら、モーニング、ランチ、ティーに3分割してもいいです。

前の表（5－4）にあるように、**飲食店が狙えるお客は、4つです。**

①お店の近くに住んでいる人
②お店の近くで働いている人
③お店の前を、しょっちゅう通る人
④お店の近くに集まる人（繁華街、大きな駅、観光地、ショッピングセンター等）

自店をめがけて来てくれるお客を増やそうと考えてもいいのですが、普通、売上は大し

て上がりません。自店の**立地を踏まえて考えるべき**です。

たとえばロードサイドにある大型のラーメンチェーンは、昼夜マトリックスの中のどの枠を重要視しているでしょうか？

おそらく平日の昼をＭＡＸにしたくて、そのターゲットは「近くで働いている人」と「通る人」でしょう。

こうしたチェーン店が、フェアを行うことがあります。その場合、4つの枠のうち、どこか1、2枠を集中的に伸ばすことを目的にしています。

4つの枠、すべてが一緒に増えることはありません（コロナ明けに、そういう事例を見ましたが、普通はありません）。

「この時間帯の、この客層に受ける商品を提供したい」
「そういえば、こういう客層を逃していた。そこ向けに、これを売りたい」
と思えたら、未来は明るいです。

年商という塊を分解するお話のついでに、あるお店の例を見てください（表5－5）。

このお店は、売上とアイテム数が合っていませんでした。丼、麺類と書かれたカテゴリ

●5-5　ある店の「カテゴリー比率」の例

	注文数（単位：個）	金額（単位：万円）	売上構成比
丼	383	23	3%
麺類	395	25	3%
定食	1,298	114	13%
つまみ	2,760	138	15%
宴会	560	168	19%
ドリンク	6,250	250	28%
仕出し	462	185	20%
合計	12,108	903	100%

ーの売上は3％しかありませんが、アイテム数はやたらに多い状態でした。

また、つまみのアイテムが少なく、その売上はドリンクの売上より少ないです。

売上の少ないカテゴリーのアイテムは少なく、売上の多いカテゴリー、または伸ばしたいカテゴリーのアイテムを多くするのが基本です。そして、余分なアイテムを削って楽になった分、力を入れるべきカテゴリーに注力するのが基本です。

また一般的に、**FD比率（つまみとドリンクの比率）は、つまみが多い方が望ましい**です。

このお店の場合、つまみの主力を作ることが最初の課題で、次につまみのアイテム数を、どう増やすかが課題となります。

8 「黒字の月」を3カ月つづけるために

いかがですか？　あなたのお店の売上増加のイメージが湧いてきましたか？

売上増加は、**特定の月、時間、商品**で考えるとイメージがつきやすいです。

それでもまだ、ぼんやりとしか増加のイメージができていない方もいるでしょう。

次の章から、経費削減や売上増加の方法がたくさん出てきます。

未来の目標については、ひとまず数字を入力するとして（計算は自動なので、修正の手間はかかりません）、表（5－2）を完成させましょう。


ここでもう一度、表（5－2）の概要を説明します。最初にコロナ前と直近のFLR比率を計算し、直近の表の下部にある「目標としたい、各比率」まで埋めます。そして、それら経費について考えてから、未来の表に売上や各経費を入力していきます。

過去の表を埋めるのは、慣れている人に頼むと速いです。

未来については、じっくりと考えてみましょう。

実際に計算してみると、「うちって、こんなにひどかったんだ」「80％でトントンってことだけど、それも難しいな」などと思われるかもしれません。

私はふだん、銀行や商工会議所の紹介で、多くの飲食店と接しています。

どのお店に対してもこの計算をするのですが、私が接している飲食店のＦＬＲ比率は、**75％～90％の間**（自分の労働分の収入に加えて売上の５％ほどの利益を得ている方から、自分の収入を売上の10％分削っている方）が多いです。

上場企業の利益率でも５％あれば評価されるのがこの業界ですが、わずか数％の違いで儲けるか身銭を切るかが分かれ、まして仕入れ代も人件費も高騰して、**赤字か「かくれ赤字」のお店だらけなのが、この業界です。**

今すぐに黒字化はできないかもしれません。しかし、1年後、つまり今書いた「未来の数字」の次の年であれば、可能なお店はあります。

実際、私とお付き合いくださるお店でも、**単月の黒字を3カ月つづけられるまでに、半年から1年半ほど**かかります。

最短で黒字化できるよう、「今より、いいお店」にする方法、つまりお客からの支持を増やす方法については、７章からじっくりと解説します。

「月別売上高」を記入する

来月からの目標を決めよう

ここまで、エクセルフォーマットにある「FLR比率のフォーマット」というシートを作っていただきました。

そのシートの隣に、「月別売上高のフォーマット」というものがあります。ここに月別の売上を記入すれば、ひとまずのゴールです。

このフォーマットのしくみですが、直近の決算書にある月別の売上を入力し、その年の季節変動指数を出します。未来の決算書にも同じ数字が自動計算され、年商を入れると、それに合わせて各月の売上目標が出てきます。

自動計算という方法は、税理士さんや銀行も使っていて、あなたがもらった年度計画もそれで作られています。考える元なので否定はしませんが、そのまま使うのは面白くないです。せっかく年商を分解して考えたのですから、意図をもって、数字を変化させてください。

もうお気づきの方もいらっしゃると思いますが、ここで1つ疑問が残ります。

「1年の目標はできたけど、これって年度の初めからしかスタートできないの？」

大きな目標を立てたけど、それは次の年度からにするという考え方だと、おそらく年度替わりには忘れています。

改善は、早い方がいいです。

最初の月を、来月や再来月にしましょう。

確定申告の期間はここでは考えず、自分が使いやすい、自分のためになる目標を完成させましょう。

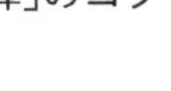

10 売上が3％増えるフォーマット

「目標達成シート」をチェック！

毎月の売上目標ができたら、その下にある**「目標達成シート」**という表も自動計算されます。

毎月の目標額と、その月までの累計額が表に記されているので、月の終わりに実績額を入力すれば、その差が確認できる、というものです。

表5－6は、あるお店の例です。単月で見ると2勝1敗くらいです。大負けがないので1年で見ると、目標を達成しています。

注意していただきたいのは、累計（最初の月から当月までの積み重ね）です。

あまり大きな目標にすると、半年もすると累計で大負けして、あと半年で取り戻せる気がしなくなるので、見るのをやめてしまいがちです。そうならないように、イメージできる目標にしてください。

逆に、ギリギリ達成できそうな数字を書いて、毎月の売上が目標を超えると、このシートを見るのが楽しみになり、月の半分あたりで達成度を確認するようになります。

今まで毎月の目標売上を決めていないお店だと、この数字を意識するだけで**売上が3％ほど増える**ことが多いです。

おそらく、何かしなくてはいけないことに気づいたり、接客に力が入るからだと思います。

ただ、今日の接客に力を入れて、商品も入念に作ったとしても、その日の売上は増えません。その日のお客の満足度が高ければ再来店につながり、だいたい**2カ月ほどして成果が見える**ことを忘れないでください。

私は銀行や商工会議所、税理士さんの紹介で、いろんなお店とお付き合いしています。たとえば銀行や税理士さんと同行して、社長と面談するとします。年商が2億円ほどのお店ならその日が店長会議で、1億円未満だと社長と奥さんとお話することが多いです。

そこで話される内容は、先月の売上と利益のことです。

そして、「先月の結果をふまえて、経費を抑えてください」「今月の売上はどうですか？」といった会話で終わろうとします。

過去を確認するのは、いいことです。

●5-6　目標達成シートの例

年	目標	目標累計	実績	実績累計	単月差異	累計差異
4月	553	553	562	562	9	9
5月	528	1,080	530	1,092	2	12
6月	684	1,764	675	1,767	-9	3
7月	717	2,481	695	2,462	-22	-19
8月	626	3,107	653	3,115	27	8
9月	611	3,718	633	3,748	22	30
10月	622	4,340	640	4,388	18	48
11月	732	5,071	712	5,100	-20	29
12月	654	5,725	667	5,767	13	42
1月	669	6,394	679	6,446	10	52
2月	648	7,041	628	7,074	-20	33
3月	759	7,800	775	7,849	16	49
合計	7,800	7,800	7,849	7,849	49	49

もし税理士さんが毎月来るなら、いただいた試算表で**その月のＦＬＲ比率**を出してみてください。売上増加を目指すなど、気持ちが上向きになっているときこそ、内向きな確認が必要で、**定期的にやらないと危険**です。

また、税理士さんを使っていなくても、月末には人件費がわかるはずです。あとは、仕入れ代を足して、家賃と合わせれば、その月のＦＬＲ比率がわかります。

もし棚卸をしていなければ、３カ月分の仕入れ代を平均してください。そんなにずれません。ダウンロードしたエクセルのシートをコピーして、数カ月に1回でもいいので定期健診してください。

ただ、先ほど作っていただいた「目標達成シート」をクリアするには、それだけでは不十分です。

今月の売上は、もう増やせません。2カ月後の売上を増やすためには、「今、準備が始まっていること」が必要です。

先ほどのうどん店の例だと、11月からうどんすきの宴会を始めるのですから、9月には宣伝方法を考える必要があります。10月までにチラシを作ってメニュー立てに入れたり、会計時に配布する、または夕ペストリーを準備して店頭で告知する、といった方法をとります。

これが「先を考える」ということで、**季節替わりの商品やコース料理を考えるのは、必ず2カ月以上前**です。

ちなみに、年商が3億円以上のお店だと、毎月の会議で2カ月後の話をしていることが多く、10億円を超えるとそれが普通です。

今日やった「目の前の仕事」は、今日の売上になる。今日考えたことは、2カ月後の売上になる。そう思って働くと利益が増えます。

第6章

お客が減らない店にする！④

「人件費」のムダがなくなるツボ

――生産性が高まる指標があった！――

1 時間帯、曜日、月…細かくシフトを組もう

ここからは視点を変えて、人件費のお話をします。ひょっとすると、あなたが想定しているFLR比率を下げることができるかもしれません。

「人時売上高」という考え方があります。

表（6－1）のとおり、「売上を総労働時間で割る」が公式です。

総労働時間とは、お店を運営するために働いた、社長や家族、パートの労働時間の合計のことです。簡単にいえば、「店員が1時間働いて、得られる売上」です。ここに、経理作業の時間などは含めないのが一般的です。

使い方としては、特定の時間の売上に対して、適正な人件費になっているかを確認することが多いです。

人時売上高の基準は、大手チェーンだと、5000円が目安です。

ただし、これはセントラルキッチンで作ったものや、外注したオリジナル商品が運ばれ

●6-1　人時売上高、人事生産性（記入例）

人時売上高＝売上÷総労働時間
人時生産性＝粗利÷総労働時間

平日

	朝	昼	夜	合計
売上（円）	6,000	40,000	50,000	96,000
総労働時間	5	12	12	29
人時売上高（円）	1,200	3,333	4,167	3,310
原価率	30%	40%	30%	35%
人時生産性（円）	840	2,000	2,917	2,152

てくるからで、中小企業の場合は、仕込みの時間が加味されるため、そうはいきません。ざっとですが、**2000円台だと赤字、3500円あれば、自分にも適正な時給が出る**と考えてください。

表の例は、コロナ禍にモーニングを始めた居酒屋さんです。朝のところを見ると、6000円の売上に対して総労働時間が5時間なので、人時売上高は1200円です。

おわかりのように、この人時売上高から仕入れ代（原価率30％なので、1200×0.3＝360円）を引いて利益を計算すると、赤字です。

それをすぐに確認できるのが「人時生産性」です。これは、粗利（売上から仕入れ代を引いた額）を総労働時間で割ったものです。

コロナ中は、「自分の労働時間を長くして、少しでも売上を増やしたい」と考えても仕方ない状況でした。しかし今後は、自分の適正な時給をもらえない労働をしてはいけないと思います。

ちなみに、ダウンロード用エクセルデータに、計算表をつけてあります。試しに、自店のシフト表を見ながら時間帯別の数字を出してみるといいでしょう。

人時売上高は、時間帯、曜日、月によって細かいシフトを組むと良くなります。「シフトの頭と尾をカットできないか？」「この月の平日は1人減らせないか？」などと考えてみてください。

もし、月に50時間のカットができたら、それに時給をかけた金額（約5万円）が、そのまま利益として残ります。

原価率は良好なのに赤字が続く店で、この人時売上高の改善だけを半年続けたら黒字化したことがありました。

注意すべきなのは、**急にやりすぎない**ことです。理由は、①店員が辞めるリスクがある、②接客レベルが落ちたり提供時間が遅くなったりするからです。

2 スタッフの人数、メニューの品数を減らす

大きなお店の場合は、人員が多いので労働時間を簡単に調整できますが、小さなお店の場合は人員が少ないので、調整が難しいです。ランチタイムを例に、あまり忙しくないお店と、ピークはウェイティングがかかるお店に分けて説明します。

まず、あまり忙しくないお店の場合ですが、人時売上高はかなり悪いはずです。あと数カ月で忙しくなると思える状況なら、今のまま続けてもいいですが、まだ赤字が続きそうなら根本的に人数を見直すのも一案です。

「いや、減らすと運営できないんだよ」

と思われるかもしれませんが、逆の発想をしてみてください。**「減らした人数で今の売上をキープするには、何をすればいいか？」**と考えるのです。

ホール側であれば、水とライスのおかわりをセルフにすることもできます。キッチン側だと、アイテム数を減らしたり、提供商品の見直しも可能です。

私は年に3回、飲食店の創業者向けの連続セミナーを行っています。その中には「1人でお店を運営したい」という方が、少なからずいます。

まず、**1人で運営して、月商100万円を超えられるパターンは決まっています。たこ焼き店、ケバブ店**のような**単品商売**のお店です。このタイプは、同じことの繰り返しなので生産性が高いです。

次に、仕込みに時間はかかっても、提供時間は短い商品で構成された、具体的には**バル**や**オーブン料理**のお店です。このタイプは、トゥーオーダー（オーダーが入ってから行う業務）の負荷が低いので、少人数化が可能です。

キッチン業務を「繰り返しだけ」に近づける。トゥーオーダーの負荷を下げる。ホールをセルフ化する。これらはきっと、ヒントになるはずです。人件費の削減は、そのまま利益に乗っかるので、下手をすると値上げよりずっと楽です。ぜひ検討してください。

次に、ウェイティングがかかるお店の場合ですが、人時売上高をよくするには、人件費を下げるより、時間当りの売上を増やす方法を考えるといいでしょう。

売上は、「客数×客単価」です。最近、大手のファストフードチェーン店が成功している理由は、**持ち帰り増加による客数（出数）増加**と、**季節商品による客単価アップ**です。持ち帰りについてはこの本では触れませんが、季節商品についてはは後でくわしく説明します。

ここでは、客数の増加について説明します。

ウェイティングがかかるお店の場合、提供スピードを速くすれば1時間当りの売上が増えて人時売上高が良くなります。あるラーメン店の例を紹介しましょう。


そのお店のラーメンは、どのSNSでも高評価でした。

社長は中華の料理人出身なので、調理の知識も豊富です。

メニューはラーメンの他に、チャーハンがあります。

麺の湯切りもチャーハン作りも、社長がやります。

あるときから、高菜チャーハンを導入したら、とても売れたそうです。

さらにお客からのリクエストを受けて、キムチチャーハンも導入しました。おかげで、ピークタイムには行列ができます。


いかがでしょう、売上増加のヒントが見えましたね？

そうです、チャーハンが3種もあると、バラバラに鍋を振るようになるので、時間を取られ、時間当りの売上が下がるのです。

●6-2　商売はバランス

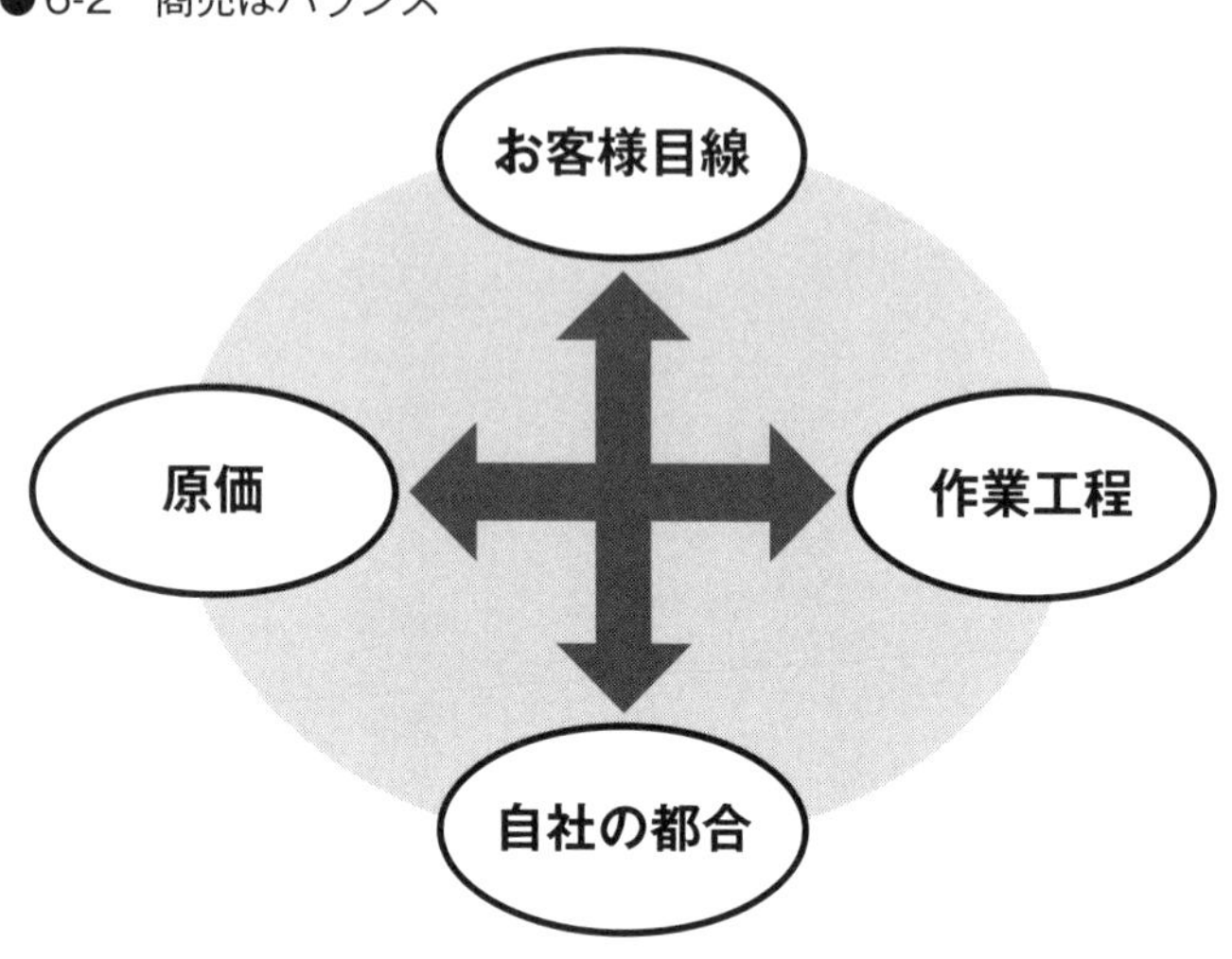

マーケティングという言葉があります。アメリカ・マーケティング協会が定義した、元々の言葉の意味は、

「商品を創造し、双方が満足する交換を行うための、計画と運営のプロセス」

です。ざっくりいえば、

「お客を喜ばせながら、お店に利益が残る方法を考えること」

です。

つまり、お客だけを見ていてはダメで、**自店の利益も考えながらメニュー組み、オペレーション組み**をする必要があるのです。

商売はバランスです。もし、お客の目線に寄りすぎているなら、少しだけ自社の都合に引き戻してください。

3 歩数までこだわる「黒い吉野家」に学ぶ

私は、住民票のある岡山市と東京を行ったり来たりしながら仕事をしています。その他にも北陸、九州と出張はあるのですが、行った先のお店のキッチンを見て感じるのは、人口密度の高い**都会のキッチンは狭くて使いやすく、そうではないエリアのキッチンは広くて使いにくい傾向がある**ことです。

人口密度が高いほど、坪当りの家賃が高くなるので、キッチンを狭くして席数を増やさないと、必要な売上を確保できなくなります。逆に、坪当り家賃が低いエリアはその必要がないので、広くなっていることが多いです。

キッチンが広いと、仲間との距離も保たれますし、移動するとき仲間の動きを気にする必要も減ります。ただ、広いキッチンは、歩数が増えます。

たとえばキッチンで、サラダの盛り付けをしたとします。きれいに見えるように丁寧に飾れれば、価値を付加したこと、つまり「付加価値」が生まれたことになります。

ソテーをするためにフライパンで調理すれば、生の食材を加工していますし、上手に焼ければさらに価値が付加されます。しかし、何かを取りに行くために歩いても、何の価値も付加されません。これは1円にもならない、ムダな労働です。

また**地方には、「段取り替え」という方法が浸透していない**気がします。

段取り替えとは、時間帯によってキッチンのレイアウトを変更することです。

狭いキッチンの場合、トゥーオーダーの速度を高めようとすると、とにかく余分なものを目の前から除き、なるべく動かず単純作業を繰り返そうと考えます。逆に、仕込みのときは、やりやすいように機材や食材を並べて効率よくしたいと考えます。

そこで、仕込み時間には包丁、まな板、大きな機材を自分がやりやすいように移動して、トゥーオーダーが増える時間には、それらを除いてレイアウトを変更します。もちろん、トゥーオーダー用のレイアウトは、歩数が減るようにします。

こう考えると、台下冷蔵庫というのは、上下の動きですむようになっていますし、自分が調理しているとき目線より上にある食器棚も同じで、理にかなっているわけです。

この意識がつくと、トゥーオーダーの対応能力が高まる、つまり時間当りの売上を増やすことができます。

地方だと、「そんなに急がなくても」と思う社長も多いですが、ピークの対応能力が高まると、

売上は自然に増えます。

あなたの近くに、**「黒い吉野家」**は出店していますか？

黒い吉野家とは、「クッキング＆コンフォート」という業態の吉野家のことで、看板が黒いことから、そう呼ばれています。おしゃれな外観でテーブル席が多く、ドリンクバーもあるので、郊外の家族連れを狙うタイプのお店です。

価格はオレンジの吉野家と同じですが、事前会計になっていて、牛丼はすぐに出るので自分で席まで運び、揚げ物などを頼むとブザーが鳴るベルを渡され、仕上がったら自分で取りに行くスタイルです。

お気づきのように、ホールの人件費をなくして価格を維持しています。儲かるモデルなので、郊外型、ロードサイド型の店舗を少しずつ「黒い吉野家」に変えているようです。

そこに興味を持っていたら、新聞の記事に目がとまりました。記事によると、この店舗はオレンジの吉野家と比べて従業員の**歩数が30％ほど減った**そうです。数字にも驚きましたが、それを計っていることにも驚きました。

このように、大手も歩数に注目しています。あなたもキッチンを、営業時間中の歩数に注目して見直すと、対応能力が高まるかもしれません。

接客のＤＸ化はあり？　スシローで見たうまい接客

人時売上高をよくするために、タッチパネルや券売機を導入するという方法もあります。

タッチパネルは追加オーダーが多いお店、券売機はオーダーが一度だけのお店に向いています。

これらをすすめるとよく、

「お客様との接触回数が多いほど、親近感を持ってくれたり仲良くなれるチャンスが増えるって聞いたことがあるんですけど？」

といった質問を受けます。

たしかにご指摘のとおり、それが定説、基本です。

ただ、接触回数が多くても、お客に**何も感じてもらえていない接客なら、機械化もあり**だと、私は考えています。

先日、10年以上ぶりに**スシロー**に行きました。

入り口にタッチパネルがあり、カウンターかテーブル席かを選ぶようになっていました。

戸惑っていたら、店員が近づいてきて丁寧に教えてくれました。高齢のお客には代わりに入力していました。

座る席番が書かれたシートを見ながら席につき、タッチパネルで商品注文の始まりです。約100席ほどのお店ですが、ときどきホールの店員が見えなくなることがあります。奥から出てきたなと思ったら、サービスワゴンを持っていて、「空いているお皿、お下げします」などと巡回します。

久しぶりだったので驚いたのですが、タッチパネルになったため、会計時に皿を数える必要がなくなっています。

また、ピークの終わりに一気に皿が戻らないので、洗い場の負荷が均等になります。

平日の昼、住宅街のお店に入ったので高齢客が多かったですが、皆タッチパネルが使えます。会計はセルフレジですが、店員にも頼めるようでした。お客の様子を見ながら店員が1人で対応していました。

私が考える「接客の重要ポイント」は、**「入店時」「退店時」「質問対応」**です。

ここがよければ、評価が高くなります。

このお店でそれを担当していた2名の店員は、テンション、笑顔、目配り、会話と、どれも素晴らしく、今年もっとも記憶に残る見事な接客でした。

スシローの場合、かなりの設備投資費がかかっているでしょう。

また、重要ポジションを担当する人の技量、コンディションによって満足度に差が出るでしょう。

ただ、私の満足度は、満点でした。

機械化、省力化しながら重要ポイントは押さえて満足度を保っている、大成功例だと思いました。

第7章

お客が減らない店にする！⑤

お金のかからない「接客」のしかけ

――新時代の「顧客満足度」の高め方――

1 「銀行に言われて値上げ⇓1年で閉店」…どこを間違えた？

ここからは、値上げの前にすることについてお話しします。

あるとき、商工会議所から和風レストランの調査、助言を依頼されました。この半年ほど売上が激減していて、そろそろ危険なので助言がほしいとのことでした。

お店に行き、売れ筋だという唐揚げ定食を食べました。唐揚げがまずいお店はないのでメインはＯＫ、量も多かったです。

ただ添え物は、既製品のポテトサラダにピンクの漬物、雑な煮物だけでした。レストランなので席間が広く落ち着けますが、全体に殺風景です。会計は１０００円ちょっとでした。

その後、社長と面談しました。話によると、８カ月前に銀行から、「今の売上と経費のバランスでは利益が出ないから、全体の価格を２割上げるといい。そうすれば利益が出る」と言われて実行したそうです。そこから客数が減り、そろそろ危険だということでした。

いくつか、ポイントを整理します。

①「なぜお客に選ばれているか（選択理由）」が見えていない

私が食べた唐揚げ定食は、もともと880円だったそうです。この価格であれば、今まで来ていたお客は、「安くて、ゆっくりできるお店」「使いやすい場所にあって、安いお店」といった理由で、お店を利用してくれたでしょう。

しかし、今の価格だと、安くはありません。

この理由で選ばれていたお店が、急な値上げをするのは危険です。

今は安さで選ばれているお店は、商品力や接客、雰囲気を高めて、別の理由でお店を選んでもらえるようにする必要があります。

②原価率の基本がわかっていない

このお店の原価率は、高かったです。こういうお店の場合、原価率の悪化は、「動物性たんぱく質の質と量」の影響が大きいです。売上のメインはランチタイムで、客層が中高年の女性。その割に**量が多い**と感じました。

また添え物の部分は、少し手間をかけても、質を上げても全体の原価率への影響は小さいです。これを理解して、**商品を改善してから値上げをすべきだった**と思います。

③値上げは、一度でやらない

2023年ごろ多く見かけましたが、知名度のある老舗で、商品力や接客力も強いお店が一気に値上げをしていました。こういうお店は、長年かけて多くのお客を持っているので、一時的に客数が減っても戻りやすいです。

しかし、普通のお店だと、この方法は怖いです。「10年に1度」といった大胆な値上げではなく、インフレ時代（少しずつ物価が上がる時代）に合わせて、**数回に分けて値上げするのが基本**です。

このお店には商品の改善を含めた「QSCA」の改善を提案しましたが、すでにやる気が失せていたのか、耳を貸してもらえませんでした。

それから数カ月で閉店したそうです。

なぜそうなってしまったか？

ここまで読んでくださったあなたには、おわかりでしょう。

現場を見ず、お客の選択理由や満足度を考えず、**帳簿上の数字だけで判断したから**です。

こうならないためには、**自信を持って値上げできるお店を作ることから始めるべき**なのです。

Googleマップ、食べログからすぐできる「C（清潔さ）」の改善

自信を持てるお店、つまり「今よりいい店にする」ためには、お客の満足度を高める必要があります。

そのために必要なのが、QSCAのレベルを高めることです。ここから、それをよくする方法についてお話しします。

最初は**C（清潔さ）**についてです。

私はふだん、お客の満足度について話すとき「QSA」という言葉を使っていて、Cを抜いて説明することが多いです。理由は、

①**Googleマップや食べログ**の評価項目に、Cは入っていないから
②清潔なのは当然だから
③清潔さは、お客の満足度より、キッチンの衛生管理で使うことが多い言葉だから

などです。

ただ、清潔さは、QSAのうちA、つまり「内外装から感じる、お店のイメージ」とつながっています。

外装でいうと、汚れていると入店を敬遠される可能性があります。内装でいうと、汚れているために不満足度を高める可能性があります。

4章－5でお話ししたように、まずGoogleマップなどの書き込みを読んでください。

それから、どの社長にもおすすめしているのですが、「このお店を**知らない人になりきって、お店を見る**」と、改善点が見つかりやすいです。

ただ、これは案外、難しいです。見慣れたものが「普通」で、何が悪いのかはわかりにくいのです。

以前、ある社長に、

「店前のノボリとタペストリーが汚れていて、繁盛しているように見えない（初めての場合、入ろうと思いにくい）」

と伝えたところ、キョトンとされたことがあります。

しかたないので、近所にあった牛丼チェーン店のノボリ（牛丼チェーンは、毎月フェアがあるので、いつも新しい）と、その近くのケーキ店のタペストリーを一緒に見に行ったところ、なんとなく理解してくださいました。

まずは、お店から少し離れた場所から、あなたのお店を見てください。

初めてのお客が「入ってみよう」と思うようになっていますか？

さらに近づいて店頭を見てください。不要な貼り紙はありませんか？

それから、ゆっくりと、初めてのお客の目線で店内に入ってください。

それから、いろんな席に座って、注文した商品を待っているお客の気持ちで店内を見回してください。

オープンしたとき、コロナ禍で大掃除をしたときと比べて、汚れているところはありませんか？

エアコンの吹き出し口が黒ずんでいませんか？

壁に貼られているポスターに油が沁み込んでいませんか？

こうしてゆっくり見直すと、改善点が見つかります。

3 改装しなくても「Ａ（雰囲気）」を良くできる6つのヒント

続いてＡ（雰囲気）についてお話しします。

私の創業塾では、最終回に「コンセプトシート」というものを提出してもらい、内容について協議するようにしています。このシートの中にはオープンしたいお店のＱＳＡ（どんな商品をメインにして、価格はこれくらいなので接客レベルはこうして、食事する空間はこんな感じ、といったこと）を書き込む場所があります。

女性の参加者は、雰囲気の欄をびっしり書き込んでいることが多いです。一方、男性は雰囲気の欄が弱いです。

ただ、食事をする空間は重要です。最近はキャンプに行って食べる「キャンプ飯」が流行っています。外出先なのであまり手の込んだことはできませんし、調理にも時間がかかります。でも、開放された自然空間の中で食べるので、おいしく感じます。同じ料理を自宅で作って食べたら、「ほかの選択肢もあったな」と感じる人が多いと思います。

店内の雰囲気作りですが、構成するのは６つの要素です。

●7-1　空間を作っている要素とは？

①	色	室内の色調や色合い
②	質感	使用材の材質
③	照明	ライトの光源、照度、照らし方
④	香り	室内の香り
⑤	温度	室内の温度
⑥	音	室内に流れる音

まず、お店全体のイメージを決めるのは、①色と、②質感でしょう。

質感は、たとえば同じ木目でも、使用材によって伝わるイメージが変わります。それが店格と合っているかがポイントです。

③の照明ですが、明るさによってイメージが変わりますし、間接的な照らし方にすると高級感が出ます。

④の香りですが、この6つの要素は小売店も含めた店作りで考察された考え方なので、項目として入っています。宝石店など高級品を売る小売店でアロマを使用したりするのがよい例で、少し高めの雑貨店でも

同じ取り組みをしています。

飲食店でいうと、街中のうなぎ店のように、調理中の香りを店外に流れるようにして誘引するという例もあります。

ただ、料理以外の香りを客席で使用するのは難しいでしょうし、調理中の香りを客席に届けるにはお金がかかりますし、油が回る可能性が高いです。こうした取り組みを考えるよりは、**嫌な臭いを抑える**、つまり不満足度を減らすことを考えるといいでしょう。

私は銀行の紹介で、多くの飲食店の決算書を見てきました。その中で感じるのは、

「メニューのリニューアルなしで大幅な改装をすると、借金だけが増える」

ということです。

ここまで、お店全体のイメージを大きく変える要素を中心にお話ししました。しかし、大きくターゲット層を変えるといった方針でなければ、あまり**多額の改装はおすすめしません。**やるなら、古びている部分や、変えて効果が出ると思える部分を数十万円単位で改装するのが無難です。

例外は、居抜きで開業して、客単価（店格）と空間が合致していないような場合です。これなら大幅な改装も考えられますが、条件は先ほどと同じで、**メニューのリニューアルや、売りとなる新商品の販売がなければ効果は薄い**です。

⑤温度について。冬場の話をすると、日本海側のお店で感心するのは、**開店直後から暖かいことです**。寒い外から入ってホッとする経験を何度もしました。

同じ時期に、個室のある都会の居酒屋で、部屋に入ったときヒンヤリ感じたことも何度かあります。**入店直後に与えるイメージは重要**なので、改善の余地があります。

また秋口、忙しいお店の場合、働いている人にちょうどいいのかなと感じるほど寒いこともあります。これも検討の余地があるでしょう。

⑥音について、いくつか例をお話しします。

いつも女性客で満席になるカフェがあります。BGMがないので、女性の楽しそうな話し声であふれています。

このお店の社長に、なぜBGMがないのか聞いたところ、開店して客席が8割くらい埋まるまでは、大きな音でBGMを流しているそうです。その音につられてお客が大きな声で話しだしたらBGMを止めて、あとはお客の話し声が空間に響くようにしているそうです。

ある焼肉店では、80年代のJ-POPをBGMにしていました。土曜の夜に行ったのですが、客層は40代〜50代、住宅街だったので知人と利用している近隣の住人が多いと感じました。肉を食べながら、まわりの会話を聞いていました。「あれ、この曲、タイトルなんだっけ?」「あー、聞いたことある。誰だっけ?」「これ、学生時代によく聞いてたから知ってる。正解は!」などと会話が盛り上がっていました。

飲食業は、食事をする時間を提供する商売です。滞在時間にもよりますが、こうした工夫で楽しんでいただけたら、**お金をかけずに付加価値が高まります。**

最後に、6つの要素には入っていませんが、**小物・オブジェ**を使って雰囲気を少し変えるという方法をおすすめします。

飲食店の壁面に、殺風景にならないようポスターや絵画が飾られていることがあります。先ほど、あなたのお店をお客の目線で見回すというお話をしました。そのとき、これらも見直してほしいのです。とても思い入れがあるならずっと飾っていていいでしょうが、そうでなく、古びていれば変えてみると雰囲気が変わります。できれば**定期的にローテーションで変更**するといいです。

ちょっとした変化を続けていくと、自分の気持ちも新鮮になりますし、必ず常連さんから、「あれ、ちょっと変わった?」と声をかけてもらえます。あまりお金をかけなくてもいいですが、少しは使って、お客にも変化を楽しんでもらいましょう。

4 もっとも怒らせるのは「S（接客）」

ある日、複数の講師が別々のテーマで話すセミナーを担当しました。

私の後には、接客の話をするセミナーが2時間ありました。担当するのは、キャビンアテンダント出身でホテルの接客コンサルタントをされている方でした。

会場には4人用のテーブルが並べられ、参加者が向き合って座っていました。私は時間があったので、後ろで見ることにしました。

最初に講師が、

「あなたが行った飲食店の中で、一番よかったお店のことを思い出し、話してください」

と、言いました。

しばらくして順番に話し始めたので、会場内を回って内容を聞きました。参加者は、豪華な食材の話、巧みな調理技術の話、絶景が見えるお店など、いろんな話をしていました。

次に講師が、

「今度は、今までで一番ひどかった飲食店の話をしてください」

しばらくして順番に話し始めたので、会場を回って聞き、驚きました。聞こえてくる話はすべて、接客のことだったのです。服を汚されたといった、そその話ではなく、言われた**言葉**、**態度**の話でした。

ここで振り返ると、一番よいお店の話のとき、「接客もすごくよくて」という声は聞こえましたが、接客のみを一番の理由に挙げた話は聞き取れませんでした。

この講師はうまいと思いました。**大満足させる要因の一番に「接客」は挙がらないけど、怒らせる一番の理由は接客だ**と、痛感させたのです。

私も、接客が理由で行かないお店があります。逆に、接客が理由で通うお店もあります。表7－2をごらんください。

定食屋さんを5店舗経営している会社がありました。カウンター商売で、どのお店も商品は同じです。商品力は、かなり高いです（私の採点で80点）。

このうちの2店、AとBの接客には、違いがあります。

ここでクイズです。この差は、どんな影響を生みますか？

●7-2　接客が生む影響とは？

	オーダー時	退店時	店を出たお客の気持ち
A	忙しそう。 店を回すことを優先	店主は無言。 店員はあいさつ	?
B	忙しそう。 目を見て説明する	店主は、こちらを見てあいさつ。 店員もあいさつ	?

私が視察したところ、両店の味は、本部の味が保たれていました。

しかし、Googleマップや食べログの評価では、商品の項目まで差が出ていました。

人の**感情は味覚に影響する**のです。当然、リピート率が変わるので売上に差が出ます。

お客には、「（数ある店の中から、この店を選んでわざわざ）来てあげている」という気持ちが、少なからずありますから、お金を払った後（退店時）に気分が悪いと、「また来てあげよう」という気が薄れます。

逆に、「応援してあげよう」という気持ちがあるお客も、多々います。そういう人は、少し割高でも、顔を覚えてくれているることが伝わる接客をしてくれて、退店時に感謝を伝えられると、気分がいいのでまた来ます。

人の感情を動かす。それが接客です。

5 売上が増える不思議な「貼り紙」

ここからは、接客のお話をします。

接客でお客を不満足にさせてしまう大きな原因は、「店員の心のあり方」です。

また、不満足とは言わないまでも、満足させることができない原因は、**「接客のルールがない」**ことです。

対策ですが、**「仕事中の気持ちを変えさせること」**と、**「簡単な接客フローのチェックシートを作る」**ことで、大きく変わります。

「いや、自分では無理だわ…」と思われるかもしれません。でも大丈夫です。とにかく、**〈雑に始める〉**という姿勢でスタートしてください。この言葉は、私が半年以上お付き合いするお店には、必ず一度は使う言葉です。1回で、いいものは作れません。少しずつ修正しているうちに、いいものになります。

あなたのスマホには度々、アプリのアップデートのお知らせが来ませんか？　なぜかというと、「このアプリは不完全で、少しずつ改善する」という前提で作られているからです。そう考えると、少し気が楽になるでしょう。

まず、「店員の心のあり方」ですが、商品を運ぶこと、ドリンクを作ることが仕事だと思っている店員が多いと、不満足にさせる確率が高くなります。特に学生のバイトがそうですが、早くドリンクを作れてＥＯＳの操作が速くなると、「自分は超イケてるバイト」と勘違いすることがあります。

しかし、ドリンクを作るのもＥＯＳの操作も、商品を運ぶのも、接客ではなく作業です。店員に求められる仕事は接客で、お客に「楽しい食事の時間を提供する」ためのものです。

また、仕事中にぼんやりしていたり、元気のないバイトもよくいます。こういう子は、「1時間ここにいれば何円もらえる」と思っていることが多いです。その気持ちで働かれると、バイトに投入した人件費が、お客が楽しむ時間にプラスの影響を与えない、つまりムダになります。ではどうすればいいか？

まず**笑っている**こと。そのために**楽しむ**こと。次に**接客という仕事の意味を理解する**こと。これらを伝える必要があります。ただし、長い文章で「こうしてほしい」と書いても、多くのバイトは読みません。また、一度言ったくらいで変わるはずもありません。

そこで、働くときの心のあり方について、短い文章を作って、タイムカードの近くやバックヤードの出口に貼るのです。私が関わったお店の社長が作った例を紹介します。

・スイッチ！　今から仕事です。私の仕事は、お客様を楽しませることです

特に伝えたかったのは、「今は仕事中だ」という意識を持ってほしいということでしょう。「スイッチ！」という言葉が、いいなと感じました。

・今日も楽しもう！　笑顔で　そしてお客様から笑顔をいただこう！

居酒屋の例。この社長は、お店に活気がないことが課題だと感じたのでしょう。端的でいいと思います。

・気合い入れていくぞ！　活気がある店にはお客様が寄ってくる！

ラーメン店の例。忙しくても元気よく働いてほしいという気持ちが伝わります。

・今日も「目配り」「気配り」で先回りの接客を心がけます！

居酒屋の例。「目配り」「気配り」の説明は、後ほどします。

・**私たちは、お客様にご満足いただけるよう、心から尽くします**
高価格帯のお店の例。ふだんからよく教育されていましたが、バックヤードの出口に書いてあると、より効果が高まるでしょう。

・**Googleマップの点数を、4.5まで引き上げよう！**
これは却下しました。「もてなそう」と気持ちがなくなり、点数を取るゲーム遊びのようになるからです。**点数は指標であって目標ではありません。目標は、またご来店いただくことです。**


いかがですか？

真似てもいいですし、正解はないので、思ったことを素直に書いてもいいです。

何カ月かして、よりいいのができたら変えてＯＫです。**雑に始めましょう。**

これを貼るときは、**5分でいいので、「接客を強化する」「強化する理由」「特にやってほしいこと」などを説明してください。**

その後は様子を見て、働きぶりが変わっていないと感じたら強気に注意していいです。

本気の姿勢を見せて皆が変わってくれれば、よい風土が作られていきます。

6 「接客フロー チェックシート」の注意点

次に、簡単な接客フローのチェックシートを作ります。

これも、雑に始めましょう。

ポイントですが、接客フローの中に作業の説明を入れないことです。

作業とは、運ぶ、作る、入力するといった自分の行動です。作業は放っておいても覚えます。なぜなら覚えないと自分が困るからです。

接客は、人が人と心を交わす行動、つまりお客と接して、お客の心を読みながら行われるものです。これを作る目的は、「接客しているという意識を強めること」です。

表7－3にあるくらい、ざっとでいいです。あまり書くと読まなくなるので、最低限のことを書いてください。

これは食事メインのお店の例ですが、居酒屋ならこれに「席案内」「追加オーダー」「巡回（店内を回って、ドリンクや皿の様子を見ること）」「会計」、高級店なら「お見送り」を加えれば、一連の型になります。

●7-3　接客フロー チェックシート（例）

	トーク	行動	備考
ご来店	・いらっしゃいませ、何名様ですか？ ・はい、あちらの席にどうぞ	・笑顔でお迎えしている ・体と顔を、お客に向けている ・席を知らせる時は大きく手の動きをつけている	・いつも一人で来るお客なら「おひとり様ですか？」もアリ
オーダーテイク	・ご注文はお決まりですか？ ・はい、それではくり返させていただきます ・少々お待ちください	・最初は目を合わせている ・せかしていない ・ずっと笑顔でいる	・おすすめを聞かれたら、人気商品と自分が好きな商品を伝える
商品提供	・お待たせいたしました、○○です	・最初は目を合わせている ・商品は、ゆっくり静かにテーブルに置いている ・ずっと笑顔でいる	・できれば、どなたが何を頼んだか覚える ・商品到着時はお客様が一番楽しい時なので、こちらも楽しそうにする

行動の欄を見ると、「お迎えしている」「向けている」といった書き方をしています。これが、「お迎えすること」「向けること」だと、他人が書いた文章です。「お迎えしている」と書いてあれば、自分から見た文章ですし、「本当にそうやっているか？」と常に確認できます。そして、やっていなければ、こちらが注意できます。

作るとき、どうしても入れたい場合は別として、**今までやっていない行動を加えたり難しい敬語に変えたりしないでください。これをやると現場が混乱します。**

今やっている接客を見つめ直し、常に意識を持たせレベルを高める。この姿勢が大切です。

7 マクドナルドに学ぶ「スマイル」効果

さて、チェックシートの例には、**「笑顔」「目を見て」**と、何度も書いてあります。

この取り組みを始めると、「そんなに笑う必要あります?」と、バイトから言われることが多々あります。そういう人に限って接客中に無表情なので、お客から見ると、とっつきにくいです。接客中の写真を撮って本人に見せると理解してくれるのですが、表情は、**「作ろう」という意識がなければ、自分が思っている以上に無表情**です。

笑顔の取り組みは、**マクドナルド**が有名です。マクドナルド出身の接客コンサルタントさんの著書を読むと、お店のバックヤードにある鏡を見て笑顔作りをする、楽しかったときのことを思い出してベストスマイルを作ってみる、仕事中も皆で笑顔を確認してほめあう、といった取り組みが書かれていました。

なぜここまで力を入れるのか? 私なりに考えた理由は以下です。

・働くときの気持ちを切り替えさせることができるから

これから仕事に入るというとき、気持ちのスイッチに有効です。また、ずっと笑顔をキープしようとすると、「見られている」という意識が働くので、テンションが切れません。

・店員も楽しめるから

笑顔で働いていれば、気持ちも明るくなります。バイト仲間に会えて話すのが楽しいというレベルではなく、働いている時間の充実感を体感できます。

・お店の空気が良くなるから

初めてのお店に行ったと想像してみてください。無表情な店員に席を案内され、すました店員にオーダーを伝え、食べて帰る。これと比べて、楽しそうに笑っている店員が同じことをしてくれて、食べて帰る。2つのお店の印象は、明らかに違うはずです。

笑顔は、接客の第一歩です。**笑顔がないお店には、どんよりとした空気が流れています。**そうならないよう、取り組みを徹底したのでしょう。

マクドナルドの**「スマイルゼロ円」**は、約50年前から行われているそうです。日本の飲食店を引っ張ってきたマクドナルドは、やはり偉大です。

8 「心がけ」「パターン」を教えて「怒らせる回数」を減らす

ある居酒屋の店舗視察に行ったときです。

席につき、近くにいた学生風のバイトに、

「あの、注文いいですか?」と言うと、

「ああ、いいですよ」と、言われました。すごいなと驚きながら、おすすめをたずねると、

「すみません、未成年なんで飲めないんです」。

冗談のようなやり取りですが、本当の話です。

数日後、社長と面談があったので、最低限の言葉遣い、接客のフロー、質問対応は教えておくべきだと伝えました。

すると予想通り、

「マニュアルっぽい接客は嫌い。マニュアルを超えた接客を目指している」

と言われました。

まず、マニュアルがないのですから、超えることはできません。

また、「マニュアルを超えた接客」というのは、お客を大満足させるハイレベルな言動のことです。それを目指す前に、**怒らせる回数を減らす方が簡単で重要**と伝え、納得していただきました。

お客の不満足を減らすには、次の**接客7大用語**を教えておくのも重要です。

①　いらっしゃいませ
②　かしこまりました
③　少々お待ちください
④　お待たせいたしました
⑤　恐れ入ります
⑥　ありがとうございます
⑦　申し訳ございません

学生にとっては、今まで使ったことのない言葉でしょうから、仕事中はこの言葉で話すということを教える必要があります。居酒屋チェーンだと、開店前に全員で動作をつけて復唱しているところもあります。

これも、どこかに貼っておくとよいでしょう。

また、質問への答え方ですが、これは店員にたずねると、すぐ回答表が作れます。たとえば**グループLINEや連絡帳に、どんな質問をよくされるか、そのときどんな回答をしているか、どんな質問の答えに困ったか、たずねて回答してもらいます。**すると、たくさん集まります。

集まったら、表7-4にある例のように、質問の項目ごとにまとめて回答例つきで店員に公開します。すぐに作る必要はありませんが、案外楽に作れますし、店員は自分の困りごとが減るので、しっかり読んでくれます。

仕事中の心がけを教える。一定の型を教える。これでお客の不満足は減ります。

●7-4　ＦＡＱ（よくある質問とお答え）

「おすすめメニュー、ある？」

「水槽にいます活イカのお造りや活き魚のお造りなど、その場で調理しますので、新鮮でおすすめです」
「盛り合わせでしたら、本日の刺し盛りが５点盛りでお得ですし、焼き鳥盛り合わせ５本も人気がございます」

⇒お店の看板をお伝えするところなので、必ず覚えておいてください。

「焼き鳥の盛り合わせには、何が入ってるの？ それはお得？」

「日によって内容が変わりますが、100円ほどお得になっています。また、当店の焼き鳥は２本単位のご注文とさせていただいていますが、こちらは１本ずつ楽しめるので、おすすめしています」

⇒日替わりなので、中身をたずねられたら、キッチンに聞いてください。

「焼き鳥は３本ずつでは焼けないの？」

「申し訳ございません。セット売りにさせていただいています」

⇒「やってません」「できません」と言うのを時々耳にしますが、
すべての質問に対して、このフレーズは禁止です。

「焼き鳥はどれが塩味？」

「レバーとつくね以外はすべて塩でお出ししますが、お客様のお好みで選んでいただくこともできます」

⇒ハンディの変更方法を確認しておいてください。

質問対応、あいさつ、目配り、気配り

質問対応は大切です。うまいと満足度が高まり、下手だと不満足の要因となります。

おすすめ商品を聞かれたとき、店の推しを伝えるだけでなく、「おすすめは？」といった質問への回答も準備してあると、なおいいです。そのために、まかない等でお店の商品を、少しずつでも試食してもらっておくといいでしょう。回答のバリエーションが広がり、おすすめの説得力が増します。

また、満足度を高めるには、**「入店時」と「退店時」のあいさつ**も、とても重要です。入るときに不愛想だと、「アウェー感がある」などと思われます。笑顔で迎えてもらえるとうれしいですし、食べたことのない商品のことなどを質問しようかという気にもなります。

そして退店時ですが、お金を払うときには、お客はちょっと偉くなった気がしています。ここで丁寧にお礼を言われればうれしいですし、それがないと後味が悪くなります。**最後に残った印象が悪いと、お店の印象は悪くなります。**

退店時のあいさつは、会計の人しか言わないことが多いですが、トイレではない方向に複数人が歩いていけば、普通は退店です。すれ違ったら目を合わせてお礼を言う。これができると、よりいいです。

ホスピタリティという言葉がよく使われます。サービスと何が違うかというと、サービスとは言われたことをするもので、ホスピタリティとは、相手が言いたいことを察することができるように積極的に接するものです。そのために必要なのが、「目配り」「気配り」です。

たとえば居酒屋ならホールでお客の様子をよく見て、呼ばれそうだと感じたら目で合図して近寄り、注文を聞く。何か質問されたら笑顔でゆっくりうなずきながら話を聞き、質問に対するベストの回答をする。店内をウロウロしているお客がいたら、お手洗いか会計かな、などと想像しながら笑顔で近寄る。こういう姿勢がホスピタリティで、気が利く店員と呼ばれる人は、この姿勢で働いています。

ホスピタリティは日本語で、「おもてなし」「歓待（喜んでお迎えすること）」という意味です。接客は、最終的に気持ちのあり方で変わります。そして、このレベルになれると、お客の満足度が高いお店になれます。

10 グループLINEを使って「強化週間」をやってみる

「仕事中の気持ちを変えさせるために、貼り紙を作る」
「簡単な接客のチェックシートを作る」
「質問への回答を集めて、公開する」

かなりやることが増えました。無理だと思ったら、とりあえず**貼り紙か接客シートのどちらか**を作ってください。常に、雑に始めてください。

どちらかを始めれば、必ず成果が出てきて、もっとこうしてほしいという要望も出てきます。それを、強化週間という形で実行すると、あなたの不満が解消されます。

やり方は、連絡帳かグループLINEで皆に「こうしてほしい」という情報を発信して、共有します。実際にどんなお願いをするのか、例を示します。

・足を引きずらない

歩くとき、足を引きずらないでください。見苦しいし、うるさいです。つま先側に力を入れて歩く。これを2週間、意識してやってみましょう！

・時間帯で、態度やスピードを変えない

早い時間帯や閉店近くの時間帯になると、スピードが遅くなり、接客の笑顔も不足しているように見えます。活気がないと、お客様は楽しくありません。いつも活気あるお店を目指しましょう！

・「～のほう」「形」「～かったでしょうか」は禁止

「～のほう、ご用意します」「～という形になります」「～よろしかったでしょうか」などは、すべて誤った日本語です。長くすれば敬語になるわけではありません。短くはっきり話しましょう。言葉遣いがわからなければ、Aさんに聞いてください。

・知らない前提で接客する

最近、新規のお客様が増えています。オーダーのとき、迷っているようでしたらこちらから声をかけ、目を大きく開いてゆっくりくわしく商品説明をしてください。こうした接客がリピート率を高めます。リピート客獲得のために、ご協力をお願いします。

これくらい短い文章がいいです。

期間は2週間~1カ月、終わったら、「よくできました。ご協力ありがとうございました」といった文章で締めます。こうした取り組みで店員のレベルが上がってくると、その後に入った新人も、そこが標準レベルだと思って追いつこうとしてくれます。全体にいい店員が増えて、それを維持できるように指示を続ければ、何代か入れ替わっても、いい店員の数は減りません。これを、**「風土を作る」**と言います。

ずいぶん前のページで、FLR比率の計算をしたり、月別の目標を作ったりすべきだと書きました。近いページでは、店内の雰囲気を変えるための工夫について書きました。

もうお気づきでしょうが、これらは年に1回か数回の業務ですが、接客と商品作りは、毎日続きます。そしてその**積み重ねが、大きな差を生みます。**

想像してみてください。

接客について今まで何も教えていなかったお店が、心がけを教え、ルールを作って指示し、ルールをアップデートしながら日々の営業を重ねたら、どれだけの変化が生まれるでしょう?　きっと、「今よりずっと、満足度の高いお店」になっています。

11 経営の3階層…社長、店長の仕事を増やす

ここまでのお話を整理するために、別の視点で飲食店経営を見てみます。表7－5にあるように、経営は、大まかに3つの層で構成されています。トップ、つまり社長に求められる重要な業務は、会社の方針を決めたり数値管理をすることです。ミドルである店長は、現場を管理すること、そしてロワーの実務者がルールにそって実行するという流れです。

接客について長くお話ししましたが、ルールを作り発表するのは社長の仕事、それが守られるように管理するのが店長の仕事です。

これから商品関連のお話をしますが、メニューの方針を決めるのは社長の仕事、方針にそって具体的な商品案を出し、試作して完成させるのは店長の仕事、それを現場で作るのが実務者の仕事です。

目の前の仕事を実務者としてこなすことは重要ですが、これは日々の売上を作る仕事です。**「今よりいいお店」にするためには、社長の仕事、店長の仕事を増やすことが重要**で、そ

●7-5　経営の3階層

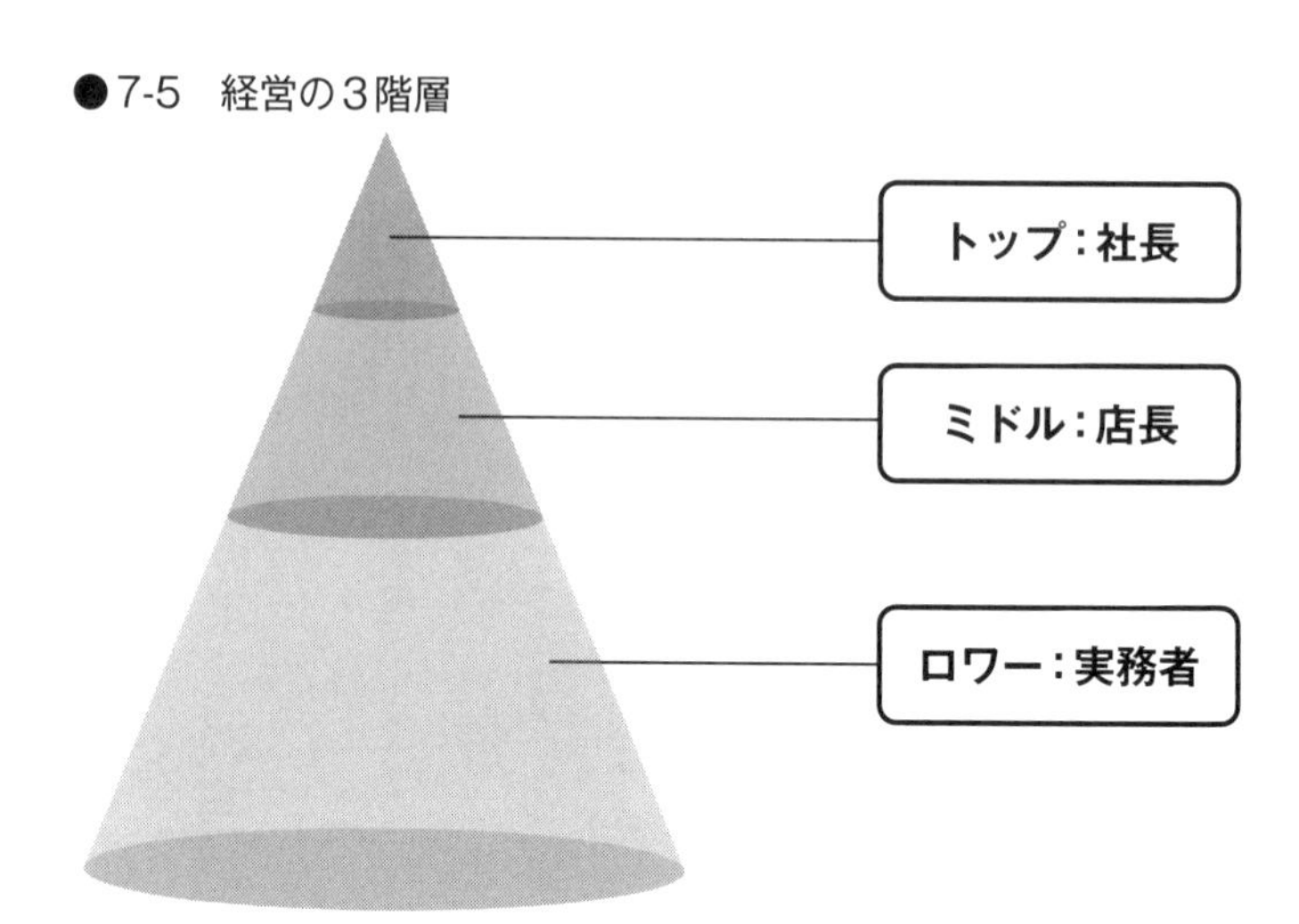

れが2カ月後、半年後、1年後の売上を作ります。

ちなみに私は、この本でずっと「お客」という言葉を使っています。私のふだんの仕事は、社長が商品などを考えるお手伝い、つまりトップからミドルの仕事のお手伝いです。

たとえば、商品を作って価格設定をするときや、広告物のキャッチコピーを考えるときなどに、「様」をつけて考えていると、マーケティング（お客を喜ばせながら、儲けを出す方法を考えること）の邪魔になることが多いです。ですから私の頭の中では、「お客」または「ターゲット」という言葉で考えています。

ただ、店内で店員との会話にお客のことが出てきたら、「お客様」「お客さん」という表現をしています。あなたも、使い分けてみるといいかもしれません。

第8章

実践！お客が減らない値上げ①

基本価格のうまい上げ方…これが最新の常識！

――目標とする原価率とのギャップをうめる――

1 「値上げは2段階、2階層で」とは、どういうことか？

ここまで、「今よりいいお店」にする方法についてお話ししました。商品の改善について説明が残っていますが、この章の後半でそのお話もします。

その前に、まずは値上げの方法について説明しましょう。

値上げは2段階、そして2階層で行うべきだと考えています。

まずは仕入れ代、人件費、光熱費など、増えた経費をまかなえるように、全体の値上げを行う。これがベースの値上げで、社長として当然の利益を獲得できるようにしましょう。

そのとき、腰が引けないようにするためには、**「今よりいいお店」**にすることです。

すでに値上げを行っていて利益率が低い場合は、値上げ幅が足りないということなので、間を空けてまた値上げすればいいです。

大幅な値上げを一気に行って耐えられるお店は少ないので、方法として間違ってはいません。「段階」としては、これが正解です。

次の「階層」ですが、**高単価商品を導入して全体の売上を増やす**方法がトレンドです。

これは大手チェーンがやっている方法で、**新商品、季節商品、期間限定商品**などと言われる高単価な商品を導入する方法です。客単価を上げるという解釈もできますが、1時間当りの売上を増やそうという一面も見えます。

1時間当りの売上が増えると、人時売上高の改善になりますし、人件費と家賃の比率が下がるので、FLR比率の改善にもなります。

また、期間限定の商品は原価率がわかりにくいので、その調整にもぴったりなのです。

2 「1割値上げ」と客数、利益の関係とは？

値上げをするときに気になるのが、客数の増減と原価率の変化でしょう。私が料理の修業を始めた1990年代、「1割値上げするとお客が1割減り、2割値上げするとお客が2割減る」と何度か聞いたことがあったので、試算してみました。

表8-1をごらんください。その話のとおりの客数の変化があった場合、表のように少しずつ売上は減っていきます。しかし、売上から仕入れ代を引いた粗利額は増えています。実際にはお店によって客数の変化はさまざまで、強いお店だと2割値上げしても客数が変化しなかったこともあります。

ただ、現実的には何度かに分けて少しずつ値上げをするのが普通です。

そこで、表8-2で、値上げと原価率の改善の関係を示しました。表にあるとおり、**今の原価率が高いお店ほど、改善の効果が高い**です。

値上げによって、ぷっつり来なくなるお客が多いと痛いです。そうならないよう、「今よりいいお店」にして、来店頻度が減っても、続けて来ていただけるようにしましょう。

●8-1　値上げした場合、粗利はどうなる？

条件：客単価1,000円、原価率40%

① 現状

1,000円×100人　＝　売上：100,000円
仕入400円×100人　　粗利額：60, 000円

②10%値上げ（10%客数減）

1,100円× 90人　＝　売上：99,000円
仕入400円×90人　　粗利額：63,000円

③ 20%値上げ（20%客数減）

1,200円× 80人　＝　売上：96,000円
仕入400円×80人　　粗利額：64,000円

●8-2　値上げした場合、原価率はどうなる？

条件：客単価1,000円　値上げ10%

原価率40%	値上げ後の原価率	36.4%
原価率35%	値上げ後の原価率	31.8%
原価率30%	値上げ後の原価率	27.3%

3 「ラーメン 1000円の壁」は、誰が作っている？

値上げというと、「ラーメン 1000円の壁」が、よく話題にのぼります。この壁はいつまで超えられないのでしょうか？ 表を見ながら考えてみましょう。

壁を作っている一番の集団は、消費者だと思います。ただ、消費者もいろんな値上げに慣れてきました。

他に、テレビのニュースなどにより、世間で話題になりやすいのも理由の1つでしょう。ただ、ひょっとすると業界全体が、勝手に壁を作っているのかもしれません。

ある小さな町でのお話ですが、ここには数十名単位で入れる宴会場が数軒しかありません。暗黙のルールで、どのお店も飲み放題をやっていません。飲み放題なしのストップ制（上限が近づいたら幹事に声をかける方法）になっているので、どのお店も利益を確保できます。これは、業界が壁を作っている良い例です。

また、あまり話題にのぼりませんが、法事の折詰弁当は、数十年前からずっと5000円です。これは消費者の影響だけでなく、業界、各お店も壁を作っていると思います。

●8-3　業界の相関

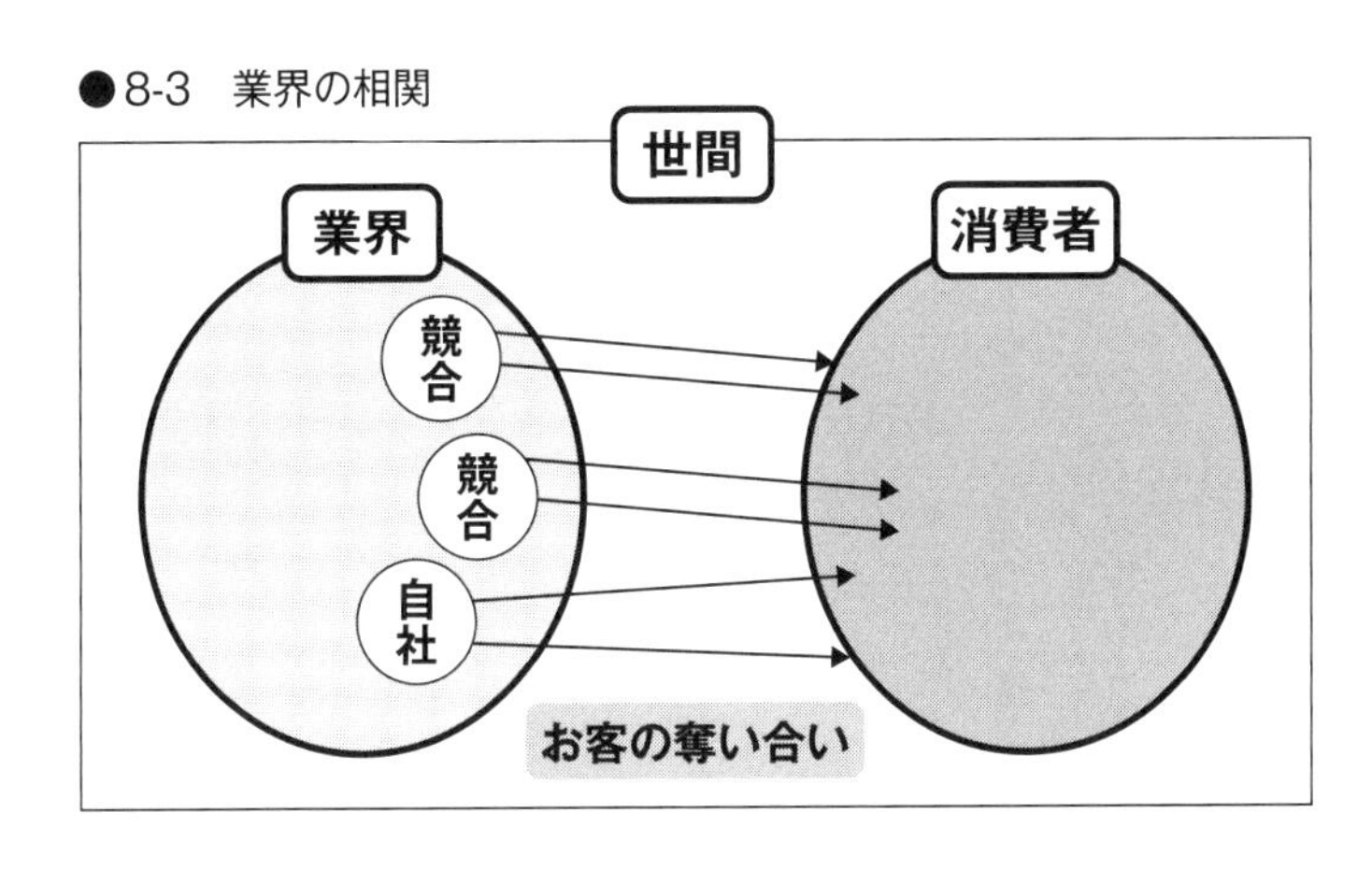

ただ、どんな壁もやがて超えられます。

先日、久しぶりにコンビニでおにぎりを買いました。以前、「おにぎり100円セール」というものがあったせいか、私は「100円ちょっと」と思っていました。しかし、100円で買えるのは「塩むすび」だけで、だいたい150円以上と覚え直した方がよさそうな価格でした。

また、丼やラーメンのトッピングの卵は、以前は50円でした。しかし生卵、ゆで卵でもだいたい100円の時代になっています。

世界の食料物価指数を見ると、食料自給率が40％弱で円安の日本より、食料自給率が100％を超えているアメリカの方が、食料の値上がり率が高いのです。なぜか？　おそらく業界も消費者もインフレによる値上げに慣れているからです。

日本のインフレは始まったばかりですが、**数年して慣れてくると、これに近い状態になる**と思います。

4 その「値上げ常識」、古いかも?

ここからは、実際の値上げについてお話しします。まずは、基本からです。

飲食店の価格の末尾ですが、10円単位の部分は、**20円、50円、80円、00円の4つ**を使います。20円を30円にしているお店もありますが、使う数字を**4つ以上に増やさず統一感を出す。**これが価格設定の基本です。

また、**大手チェーンが値上げをするときは、値上げする商品を少し豪華にして、あまり売れない商品の値下げを行う。**これが基本でした。

これからですが、**やってはいけないのは、少し豪華にすることです。**これをすると仕入れ代の上昇分をまかなうことができません。

値下げアピールもあまり効果がないと思います。

末尾の10円単位も、あまり気にしなくていいです。大手チェーンが何度も値上げをするうちに、末尾の常識を捨てたおかげで、バラバラになっているからです。

後は、1500円、5000円といった、消費者の心理の中にある小さな節目の数字を意識して、なるべく超えないように、というのも定説でした。

しかし**今は超えているお店も多い**です。正直なところ、1480円と1600円はどちらも1500円くらいで、ほぼ一緒です。

また、唐揚げや生ビールなど、他店と比較しやすい（消費者がよく覚えている）商品の価格は、なるべく抑えるお店が多かったです。これは今後も同じですが、限度があります。**生ビールの仕入れ値が変わったら、近くの個人店（チェーン店は見ない）の動向を確認して、上げてください。**

以前も今後も変わらないこととして、「原価率を高くしている犯人を捜して、それを値上げする」という常識があります。多くの場合、**たくさん売れている特定の商品やそれが属するカテゴリーが犯人の可能性が高い**です。それを値上げすれば、問題は解決されます。後で正式な原価計算の方法をご紹介するので、該当しそうな商品で試してみてください。

また、この犯人が生ビールだったり、デフォルト（基本型）のラーメンだったりする場合、腰が引けるのは当然です。ただし限度があるので、周りの相場と自店の店格を考慮して、先ほどの値上げと粗利の話を念頭に、覚悟を決めてください。

技あり！実例①

折詰弁当、「金土日だけ値上げ」、端数の価格、一律値上げ

私が関わったお店と、街で見たうまい実例を紹介します。

唯一の正解はありません。あなたのお店の業種、価格帯、競合状況をふまえて、「これだ！」と思うものがあれば、ぜひ取り入れてください。まず、アルコール系のお店から。

・法事の折詰弁当から、5000円の商品をなくす

仕出しの売上比率が高いお店がありました。そのお店の売れ筋だった5000円の折詰弁当を大きく値上げして5700円にし、5000円の商品をなくしました。

同時に、折詰弁当のカタログを作り直し、その商品の下に太く大きな文字で、「ご予算をお聞かせください。合わせて承ります」と入れました。

5700円の商品の売れ方はそこそこでした。「5000円で作ってほしい」という要望は多くあり、それに応じて作れるので、原価率は大きく改善しました。

この方法は、居酒屋の忘年会、飲み放題付き5000円コースでも導入したことがあります。5000円のコースを**5500円に値上げ**して、5000円の商品をなくし、それが伝わるように忘年会コースのチラシを作成。「ご予算に応じます」といったフレーズを太字で入れて配布します。幹事は、紙幣を1枚集める方が楽なので、端数のある金額は避けたいから「5000円でできませんか？」と相談に来てくれます。原価調整ができるので楽になります。一定の時期に、同じお客が利用してくれるお店なら有効な策です。

・安い宴会コースを「金土日だけ値上げ」

居酒屋の場合、安い宴会コースがあると、席が埋まりやすくなるので気が楽です。ただ、金土日にこのコースばかり入ると、客単価が下がります。しかし廃止する勇気はないという場合に、この手を使います。

安い宴会コースを500円値上げします。そして、「平日限定　500円引き」にします。すると、平日利用時の価格は変わらず、**金土日のみ値上げしたことになります。原価は変わりませんから、このコースの金土日の利用者数×500円が、まるまる利益**になるわけです。

・価格を端数にする

2014年、消費税が8％になったとき、スターバックスの商品価格が1円単位の端数まである方式になって話題になりました。当時は、ファストフード店の価格は10円単位が常識だったのです。2019年に消費税が10%になりましたが、テイクアウトは8%になったため、今では端数のお店を見ることもあります。

居酒屋で、メニュー表記が税込みの端数価格だけで書かれているお店はそう多くありませんが、そういうお店に関わったときは楽でした。

食事系のお店だと、注文はほぼ1回だけですが、**居酒屋だと何度も注文します。しかも酔っていますから、ごちゃごちゃした数字を見るのが面倒で、しっかり見ていませんし、覚えていません。**価格を覚えられていないので、楽に値上げできました。

もし今のメニュー表記に10円単位がある場合、全体の価格見直しを行う際、1円単位だけのメニュー表記にしたら、比べにくいし覚えにくいです。

これは案外、使える方法です。

ただし、1円単位の支払いは面倒なため、電子決済になる率が増えます。もし電子決済を導入していたら、リスクもふまえて検討してください。

・パン屋さんの例

アルコール系のお店に使えそうな話をもう1つ。

あるパン屋さんに関わったときのことです。パン屋さんも居酒屋のように商品が多いです。値上げをする話になったのですが、どれを上げたいという案が出ませんし、「値上げは怖い」と言います。私も専門外で原価率がよくわからないため、何を中心に上げたらインパクトが強いのかがわかりません。

しかたないので、全部10円ずつ値上げしないかと提案しました。邪道中の邪道、ど素人もいいところの提案ですが、うまくいきました。

まず、お客がほぼ気づきません。気づいているのかもしれませんが、客数が減りません。また、私の提案を聞いて、「この商品は手間がかかるから20円上げたい」「それならこの商品も」とアイディアが出るようになりました。

このお店の商品は、平均単価が約250円だったので、全部10円上げると、4％の値上げになります。社長に話してもピンとこなかったようですが、「毎月2万個作っている商品を10円値上げすると、利益が20万円増える」と話をしたら、乗ってきて、「半年後にもう1回やる」と言ってくれました。

居酒屋のように注文点数が多い商売だと、この値上げ方法は使えます。どうしていいかわからなければ、商品の平均単価と注文個数を調べて、ほぼ一律に数十円上げれば、楽に値上げできます。

技あり！実例②

トッピング、券売機、セット販売、パーツ販売、値引き券

今度は、食事系のお店の例をご紹介します。

・ラーメン店の例3選

私が東京で仕事をするとき、よく行く街があります。ラーメン店がそこそこあってある程度、競争が激しいです。そんな中、少しずつ変わっていったお店を紹介します。

1つ目は、880円だったラーメンを、**店名を入れた「◎◎ラーメン」**として、1000円にしたお店です。ついでに、「ラーメン（肉抜き）」という商品が誕生し、700円で売られていました。おそらくSNSで壁を越えたことを叩かれるのを気にして、下の商品を導入したのでしょう。下の商品の価格を下げすぎと感じましたが、これの注文比率は低いので、値上げに成功しています。デフォルトのラーメンを値上げすると、すべての原価率が下がります。値上げの方法としては、これが王道です。

2つ目は、デフォルトのラーメンは数十円しか上げず、**トッピングの価格をじわじわ上げ**

たお店です。煮卵やのり、辛もやしなど、そのお店に行ったら必ず食べたい食材があります。そのため、原価率から値付けするのではなく、「食べたいお客は、お金を払う」という考えで、そうしたのでしょう。煮卵はいつの間にか150円になっていて、ライスも上がっていました。これは参考になります。**人は、自分が食べたいと思って買ったために高額になっても、自分で選択したことなので文句はない**のです。

3つ目は、券売機の中にある商品の配置を、値上げのタイミングでガフッと変えた例です。多くの人は、左上から商品を確認します。券売機の1列目、左端の商品が、1300円、そこから少しずつトッピングが減って価格が下がるようになっていました。そして2列目、左端の商品が、「お得なセット」で1200円でした。

最初に1300円を見ているので、1200円が安く感じます。もしこれが、「プラス◎◎円でミニ丼セット」と書かれていたら、あまり惹かれないでしょうが、頭の中がすでに1000円を超えているので、つい注文してしまいました。

セット販売は、大手チェーンがよくやるパターンです。ランチ時に満席になるのがわかっていれば、利益を増やすには、原価率を下げるか、人件費を下げるか、客単価を上げるか、回転率を上げるか、となります。そこで、客単価を上げるためにプラス300円ほどでライスとおかずが二品ついてくるセットを導入するのです。原価率の改善にはなりませんが、人件費の効率が良くなりますし、最終的に得られる利益額が増えます。

・定食店、カフェの例

定食店で**日替わりランチ**を導入している場合、これが原価率を高めている犯人であることが多いです。1週間分の商品を書きだして、原価計算してみてください。ひどい犯人であれば、数%の値上げをしましょう。

それ以外ですと、やはり全体の価格を見直して値上げするのが王道です。

ただ、さらに客単価を上げたい場合は、**パーツ販売**を行います。

定食店やカフェの場合、トレー（お盆）で食事が完結します。たとえば定食店のトレーの中身は、主食、汁、主菜の皿、漬物、小鉢などでしょう。ここに別の小鉢や別の主菜のミニ版を単品販売するという方法です。チェーン店では盛んに行われていて、安くはしていません。理屈は、先ほどのトッピングと同じで、**「自分で選べば納得」**だからです。

あるカフェが値上げしたとき、今まで付いていたサラダを無しにして50円安くした商品を導入し、（サラダが付いた）今と同じものは、その150円上、つまり今より100円値上げしていました。さらに、「前菜の盛り合わせ」と「おつまみクッキー」という新商品を導入していました。**下の商品はほぼ売れないそうなので、実質100円の値上げと客単価アップに成功**

しています。

・大手チェーンの例

大手チェーンが値上げを行うとき、よく**値引き券**をつけてくれます。この理屈について説明します。お店にとって一番怖いのは、お客がぷっつり来なくなることです。それを防ぐために、有効期限の短い値引き券を何度か配って客離れを防ぐのです。やがて**値引き券が出なくなっても、商品の価格を見慣れてしまっているので、気にならなくなってまた通う、**というしかけです。

ランチを外食する人の頭の中には、**通う店リスト**があります。値上げによって外食の回数が減っても、このリストから外されなければ、通い続けてくれます。

いかがでしたか？　何かヒントがあったでしょうか？

値上げについて考えるときは、「お客様」ではなく「お客」または「ターゲット」と思っていないと、前に進みにくくなります。

２０１４年に消費税が上がったときは、国が「便乗値上げ」をさせないように注意していました。ところが**今は、「価格転嫁」を推奨**しています。堂々と、上がった経費を価格に乗せ（転嫁させ）ましょう。

7 値上げ前にチェック！①
「原価を上げている犯人は？」

ここで、原価計算についてお話しします。原価計算は、必ず2段階に分けて行います。

1つ目が**仕込み表**、2つ目が**トゥーオーダー表**です。次ページの表（8－4）は、巻き寿司の原価計算表です。まず、かんぴょうやしいたけなどが、1回の製造で何円かかり、1人前にすると何円になるか計算します。そして、オーダーが入った時に組み合わせると何円になる、と計算するのです。巻き寿司の場合、かんぴょうとしいたけが面倒で、手間をとります。ラーメン店だと**チャーシューの歩留まり計算**は重要です。

すべてを計算するのではなく、原価率を上げている「犯人」の候補と、よく売れる商品だけでいいです。1つやると、あとは想像がつきやすいです。

年商10億円以上の会社だと、食材一覧表というものを作成していて、毎月そこの金額を変えると、仕込み表とトゥーオーダー表の数字が自動で変わるしくみを備えています。年商2億円くらいだと、何年も前の手書きの表しかないこともあります。**必要な商品だけ、雑でもいいのでやってみてください。**びっくりするような数字が出てくるかもしれません。

●8-4　原価計算表（巻き寿司の例）

仕込み表３

※歩留りは、１か、総合で計算

しいたけ				
食材名（＆単位）	単価／単位	歩留り率	使用量	金額
干ししいたけ	2.5	1	1,000	2,500
しょうゆ	0.24	1	6,000	1,440
砂糖	0.2	1	800	160
みりん	0.33	1	400	132
	1	1		0
	1	1		0
	1	1		0
	1	1		0
	1	1		0
仕上がり写真を添付	原価合計			4,232
	仕上がり量（手入力）			
	食数／１仕込（手入力）			150
		１食当り使用量（手入力）		0
		金額／食		28.21

製造ロット当たり、150 本分として計算

仕込み表４

かんぴょう				
食材名（単位）	単価／単位	歩留り率	使用量	金額
干しかんぴょう	1.8	1	1,000	1,800
砂糖	0.2	1	1,300	260
みりん	0.33	1	1,000	330
しょうゆ	0.24	1	2,000	480
仕上がり写真を添付	原価合計			2,870
	仕上がり量（手入力）			
	食数／１仕込（手入力）			150
		１食当り使用量（手入力）		0
		金額／食		19.13

トゥーオーダー表

巻き寿司				
食材名（単位）	単価／単位	歩留り率	使用量	金額
酢飯	17.2	1	2.3	40
のり	12	1	1	12
しいたけ	28.2	1	1	28
かんぴょう	19.1	1	1	19
きゅうり	35	1	1	35
		1		0
		1		0
		1		0
		1		0
		1		0
容器	12.7	1	1	13
箸	3.25	1	1	3
仕上がり写真を添付	原価合計			150
	売価（税込み表示価格）			480
	原価率			34%
	30	左記原価率で使える原価合計		131
	30	左記原価率になる売価		549

8 値上げ前にチェック！②
「今の商品は、ベストと言えるか？」

「今よりいいお店」にするためのお話の最後に、商品の改善について触れます。
じっくりと考えていただきたいのが、「今、提供している商品は、ベストか？」ということです。「今の商品の完成度を高めることはできないか？」と、考えていただきたいのです。参考になると思うので、説明を加えます（8－5）。

お客は、商品を注文してから退店するまでの間、無意識のうちにお店の審査をしています。特に、初めてのお客、初めての商品を食べるお客はそうです。
メニュー表を見て商品を注文し、提供された料理を見て、味わいながら食べて、お会計をする。そのとき、接客やお店の居心地も考慮して、払った金額より強く満足していればリピート決定、**「普通」と思えばもう来ない**ということです。

まず、メニュー表を見るときですが、期待感をふくらませるような商品名になっていた

●8-5　お客の審査基準は？

◆注文する

・商品名　・キャプション（説明）　・価格

◆目の前に提供される

・提供スピード　・見た目（色・形・食器）

◆食べる

・食材の組み合わせ　・食材の質　・食材の量
・調味（五味のバランスと変化、薬味・食感のアクセント）
・調理加減　・提供温度
・プレートやコース内の皿数、流れと組合せ　・全体量

◆会計

・接客、過ごした空間の居心地

VS 価格

Copy right©2006　難波三郎診断士事務所

り、説明が加えられたりしているでしょうか？　また、お店が自信のある料理を注文してくれるとリピート率が上がりやすいですが、そうなっていますか？

ちなみにあなたは、外食したとき、「ああ、この調味料の合わせ方はうまい」「かくし味に、あの調味料を使ってるな」「おそらく、あの調理法だ」などと考えることはありませんか？

あるとしたら、あなたが料理人だからです。

お客は素人です。**かくし味や調理のこだわりは、書かないと伝わりません。**

特におすすめの商品には、そうした説明を入れましょう。

料理が運ばれてくるまでの時間も大事です。高価格帯の場合は、提供スピードはゆっくりで大丈夫ですが、そうでないお店は、特にピーク時のスピードは重要です。初めてのお客だと、アウェーな気持ちで待っているので、よけいに長く感じます。

見た目は、高価格帯のお店と、女性が多いお店では重要です。

料理の基本の**5色（緑、赤、黄、黒、白）**で彩られていますか？　カフェなどでは最近、**オレンジ**と**紫**を加えるお店が多いですが、同じような工夫ができていますか？

こうして期待しながら食べ始めるのですが、ここからは様々な審査項目があります。

大きな項目でいうと、男性がメインのお店では、**動物性たんぱく質の量と全体量**がポイントになります。女性がメインのお店では、**最初の見た目（第一印象）と、皿数（または食材の数）、ラストのデザート**がポイントです。

どちらにも共通で、**最初に口に入れる食材の味付けは重要**です。カフェのランチプレートだと、最初にサラダを食べる率が高いです。ドレッシングがキューピーのシーザードレッシングだとその後への期待が急落します。ここにこだわりがあると期待感が上昇します。

店員教育を強化して均一にすべきは、**提供温度と調理加減**です。

さらに、**提供スピード**を維持できるよう、ピーク前にはしっかり準備を完了させましょう。また教育の際、盛り付けは「乗せる」のではなく、**「飾る」**という意識を強く持たせてください。男性のパートは特にそうですが、見た目が気にならない人がいます。飾ることで価値を付加しているということを教えましょう。

商品の中身を大きく改善するなら、副菜や盛り付けに使う食材の見直し、アクセントとなる食材の追加、下ごしらえの見直し、味付けの進化でしょう。ずっと同じ副菜だったり、変えてはいるものの同じものをサイクルで回しているなら、本やネットを参考に変えましょう。

ここまでの注意点ですが、お客から見て大切なポイントを押さえて、そこに力を入れてください。

サラリーマンの多い定食店は、主菜と副菜、ライスがポイントです。そのレベルを上げることに力を入れて、まだ余力があれば見た目の変更にも着手してください。

すべてを手作りにする必要はありません。下ごしらえや味付けなど、お客から見て価値が付加されるところはしっかり見直して、そうでないところでは既製品を使うのもありです。最近の冷凍野菜は高品質ですし、スライサーなどの調理器具のレベルも上がっています。今の生産性を維持、向上できるよう取り組みましょう。

あるテレビ番組で、洋食店の3代目店主のドキュメンタリーを放映していました。その中で聞いた、「先代のやり方を変えようと思ったことは一度もない。今よりよくしたいと思って取り組んでいるだけだ」という言葉が胸に残りました。

商品自体の見直しだけでなく、キッチン全体の心がけを変える必要もあります。お客からの審査は、その日、その人に出された一皿で行われます。毎日が真剣勝負で、**提供レベルを均一にする必要がある**ことを、店員にもしっかり伝えましょう。

値上げ前にチェック！③

「マンネリになっていないか？」

次に考えていただきたいのが、「メニューがマンネリ化していないか？」ということです。開業から3年目や5年目から、売上がゆるやかに下がり始めることがありますが、多くの場合、原因はマンネリ化です。放っておくと下げ止まりません。

私は近ごろ夕方になると、「孤独のグルメ」の再放送を観ています。10年前のシリーズですが、登場する料理のネタ、盛り付けなどが古いなと感じることがあります。時代は流れていきます。そして、いろんな新しい料理が登場してきます。変えるものと変えないものに分けて、変えていいものは少しずつ変える。そんな気持ちが必要です。

チェーン店の場合、年に4回、グランドメニューの**2割ほどを変更**します。そのとき、季節メニューから昇格した商品があったり、以前の商品が復活したりするので、あまり負担がありません。

しかし、個人店がグランドメニューをリニューアルする場合は、何年ぶりかの大仕事になります。商品案を考える、試作する、キッチンのオペレーションを確認する、訴求ポイントを決めてメニュー表に表記する。これを何作も行うことになります。

そこで私がおすすめしているのは、とりあえず何作かずつ作って、**期間限定メニューで試す**方法です。

次の章で、高価格帯商品を導入するお話をします。そこに、考えた商品を混ぜればいいのです。

いえ、むしろ「高価格帯の商品候補を考える」というスタンスで取り組んでみてください。

期待できそうな新商品が、時期を変えてたびたび登場すると、お客も楽しくなります。

また、これを繰り返した後、商品の売れ行きなどを確認して、グランドメニューのリニューアルを行うと、楽です。

この章は以上です。

まずは「今のはベストか？」と問い、自信を持って値上げできるようにしてください。

次の章では、新商品の考え方だけでなく、メニュー表についてもお話ししていきます。

第9章

実践！お客が減らない値上げ②

大手チェーンに学ぶ「期間限定商品」の加え方

――客単価が上がる楽な方法――

1 丸亀製麺、すき家…客単価の伸ばし方

それでは、値上げの2段階（2階層）目のお話に入ります。

2段階目の値上げとは、**高価格帯の商品を加える**ことです。これを、**期間限定商品**として

とりあえずやってみる方法です。

チェーン店の例を交えながら、そのメリットを8つ紹介します。

メリット① 失敗してもいい

グランドメニューの中に、新たな商品を加えるのは勇気がいります。しかし、期間限定商品であれば、失敗したらやめて、次の商品と交換すればすみます。

期間限定商品と書きましたが、その**期間を書かずに始める**といいでしょう。

また、**ヒットしても一定の期間が来たら、次の商品と交換**しましょう。

これを繰り返すうちに、商品企画と試作、ネーミング、宣伝といった流れがわかってきて、実力と自信がついてきます。

私は2006年に『メニューが飲食店を救う！』という本を出版しました。そのため、いただくお仕事はメニュー関連ばかりでした。

上場企業から「季節メニューの商品企画を手伝ってほしい」という依頼を受けたこともあります。100店舗を超える企業だったので、かなりプレッシャーを感じました。

しかし、そんな気持ちはすぐになくなりました。担当チームの皆が、「全部ヒットするわけではない」と知っていたからです。

このお店は居酒屋でしたが、季節メニューを年に80アイテム以上も作っていたため、失敗もヒットもあるし、いろんなアイディアを出してチャレンジすることだけが重要だと知っていたのです。あなたにも、気楽に始めていただきたいです。

メリット②　利益額が増える

お店の売上は、「客単価×客数」です。平均より高価格帯の商品を加えて売れれば、客単価が上がって利益額が増えます。

「でも、値上げして客数が減ったら、利益額は減るのでは？」

といった心配は、いりません。

なぜなら、**高価格帯の商品を食べないお客は、来なくなるわけではなく、いつもの商品を食**

べに来てくれるので、客数は減らないからです。

この方法は、多くのチェーン店が導入していて、インフレになってから、以前より積極的に行っています。

たとえば**丸亀製麺**だと、「かけうどん（並）かしわ天」は580円ですが、夏季限定の**「とろけるチーズのトマたまカレーうどん」**は920円です。**すき家**で「牛丼（並）」は430円ですが、冬季に人気の**「炭火焼き ほろほろチキンカレー」**は750円です。

ふだんは並盛の牛丼だけを食べる人でも、この商品を注文するときは、200円の「サラダセット」も注文しそうな気がしませんか？ そうなると、客単価は2倍以上になります。

そして、こういうお客が20％いると、全体の客単価が20％上がります。

マクドナルド、松屋、かつや…季節商品に季節感はいらない!?

最近は、**期間限定商品**という言葉が使われるようになりましたが、和食やイタリアン出身の方だと、**季節商品**という言葉で覚えている方が多いと思います。言葉はどちらでもいいです。

季節商品と思って企画してもいいですが、すべてに季節感が必要なわけではありません。**マクドナルド**は秋になると**「月見バーガー」**を販売します。その半年後、春には何を販売していますか？　ＣＭ風に言うと、**「春はてりたま」**です。秋の月見に季節感はありますが、春のてりたまには何の根拠もなく、半年たったからイベントとして売っていて、それが売れるからずっと続いているわけです。次のメリットは、松屋とかつやで説明します。

メリット③　来店頻度を高められる可能性がある

期間限定商品で成功していると感じるのが、松屋とかつやです。ざっとですが、松屋は月に2アイテム、かつやは3週間1アイテムのペースで期間限定商品を売り込んできます。

松屋で話題になったのは、ジョージアの郷土料理をアレンジした**「シュクメルリ鍋定食」「カットステーキのビーフストロガノフ」「ごろごろチキンのバターチキンカレー」**などでしょう。肉料理というジャンルからは離れませんが、お国柄は広範囲、味は濃いめでニンニクの効いた商品が印象的、というイメージです。

一方の**かつや**は、オムカレーに海老フライ、タルタルチキンカツなどを盛り付けたお子様ランチのような**「大人様ランチ」「トンテキとチキンカツの合い盛り丼」「タレカツとうま煮の合い盛り丼」**などが記憶に残っています。揚げ物を中心にして複数の肉料理が食べられる、自由奔放に発想された商品、というイメージでしょうか。

期間限定商品も、この2社ほどヒットすると、それを目的に来店するお客が生まれます。すると、「今日のランチどこにしよう。牛丼じゃないな。松屋の限定商品、もう1回食べよう！」といったことが起こります。**1つのお店に行く理由が2店舗分になり得る**のです。

この2社のように短いスパンで入れ替える必要はありません。自分のペースでいいです。期間限定商品は、あなたのお店の、今しか食べられない**《別の顔》**を見せるチャンスです。その売上比率が伸びてくると、来店頻度は必ず高まります。あなたの頭の中にある、お店の定番以外の商品案を探してみてください。そこにきっとヒントがあります。

3 吉野家、ロイヤルホスト…お客が帰ってくるしかけ

メリット④ 原価率を下げやすい（価格がわかりにくい）

あなたがマクドナルドの月見バーガーが好きで、毎年買っていたとします。昨年、一昨年の価格を覚えているでしょうか？

そう、**一定の期間をおいて販売されると、価格の記憶があいまい**なのです。

しょっちゅう買う商品の価格は、よく覚えているお客も多いですが、たまに買うものは覚えていません。また、季節の食材を取り入れた商品であれば、季節限定の価値があるので、価格を気にしにくくなります。

そもそも、なぜ値上げをためらうかというと、「あれ、値上げしてない？」「また値上げしたわけ？」と思われるのが怖いのが大きな理由でしょう。その心配がないのですから、しっかり原価計算をして、がまんしない価格にしましょう。

メリット⑤ 勝ちパターンを作れる可能性がある

期間限定商品は、チャレンジの場です。メイン食材の調理方法や味付けについてじっくり考えることが多いでしょう。これは、コース料理も同じです。外しても数カ月です。今までになかった商品への思い切ったチャレンジを続けてください。

こうしてガヤガヤやっていると、たまに自分でも「あれ?」と思うようなヒット商品が出てきます。そうなったら、このヒット商品から**派生した商品を考える**のです。ヒットしたのですから、一定の客層には受けることが証明されています。そのターゲットに刺さる商品を連続させるのが、勝ちパターンです。

先ほど、松屋とかつやの期間限定商品について、私なりの感想を書きました。そういう自分のお店の《カラー》が出せれば大成功ですが、そこまでいかなくて大丈夫。**当たったら、そこからさらにイメージをふくらませて、次の商品を考える。**これを続けましょう。

メリット⑥ 間隔の空いたお客が戻ってくる理由になる

一年中、ずっと途切れずに来てくださるお客というのは、とても大事ですが、数が限られます。また、新規客の数が、毎年減っていく離反客の数を上回れば売上が減りませんが、これが難しいことは、ご存知だと思います。足が遠のいたお客にお店を思い出してもらえて、久しぶりの来店を期待できる。これも大きなメリットです。

マクドナルドでは、月見バーガーだけでなく、**夏のハワイバーガーシリーズ**や**冬のグラコロバーガー**があります。

吉野家だと**夏の牛皿麦とろ御膳**、**冬の牛すき鍋膳**がありますし、ロイヤルホストは1983年から**夏のカレーフェア**を続けています。これらの商品についているファンが、店外のポスターやノボリを見ると帰ってくるのです。

そう考えると、「冷やし中華、始めました！」というキャッチコピーを考えた人は偉大です。「夏に食べやすい商品が、今年も帰ってきましたよ！」と、離れていたお客に呼びかけているわけです。

このように、季節感のある期間限定商品は強いです。

しかし、**吉野家**で不定期に登場する**黒カレー**や**親子丼**のように、時々しか売らないけれど、確実に売れる商品も有効です。

ちなみに吉野家の親子丼は、牛丼（並）より15％ほど高いです。そう、**鳥を牛より高くできるのが季節商品**なのです。

4 バズる宣伝ネタはここにある！

メリット⑦ 宣伝しやすい

期間限定商品は、売り込みやすいです。ずっと変わっていないグランドメニューの中に差し込みメニューを入れて、期間限定だと訴えると、目立ちます。

高額帯の商品は、その日には売れなくても、「おいしそうだな。よし、給料日の後には食べてみよう！」などと思ってもらえる可能性があります。

また、写真を、店外に設置しているA看板に飾っても、窓に貼っても目立ちます。この写真がしょっちゅう変化すると、より目立ちますし、活気が出ます。

先日のランチで行ったお店は、店外のA看板に「東京ウォーカーにのりました！」というPOPと、おそらく数年はたっている色あせた誌面を飾っていました。過去の栄光より、未来への一歩。商品も情報も新しいほうがいいです。

期間限定商品があると、SNSでの投稿も楽になり、反応も良くなります。グランドメ

●9-1　人が集まる9カ条

人が集まる9カ条
人は、人が集まる処へ集まる
人は、快適な処へ集まる
人は、噂になっている処へ集まる
人は、夢の見られる処へ集まる
人は、良いもののある処へ集まる
人は、満足の得られる処へ集まる
人は、自分の為になる処へ集まる
人は、感動を求めて集まる
人は、心を求めて集まる

ニューの中の商品について投稿するより、気持ちが入りますし、視聴者も新鮮な情報を喜ぶからです。しょっちゅうやっているとフォロワーが増え、拡散されやすくなります。

メリット⑧ 活気が生まれる

継続して期間限定商品を販売していると、常連さんは「そろそろ次の限定品が出るかな。楽しみだな！」と、思ってくれるようになります。店外の窓に貼られた写真がしょっちゅう変わるのを見て、「1回、入ってみようかな？」と思う人も出てくるでしょう。

長く続けるには努力が必要ですが、ガヤガヤやっていると、自然と活気が生まれてきますし、人が集まってきます。

表9－1にあるのは**「人が集まる9カ条」**というもので、大阪の釈迦院に伝わる言葉です。期間限定商品を販売するメリットは、ここがゴールです。楽しみながら続けて、この状態を目指してください。

5 1年やれば楽になる。3年目からが要注意！

期間限定商品を販売してから1年間は、ずっと新商品を考えるようになるので大変です。しかし、1年たつと1年分の商品サイクルができ、それを修正する（期間を短くして商品数を増やしたり、まったく反応がなかった商品を外して入れ替える）作業になるので、ずいぶん楽になります。ちなみに、私は仕事を受けるとき、契約はつねに半年単位にしています。商品企画の仕事の場合は、1年半を超えて契約していただいたことがありません。どのお店もそのあたりで、**型ができる**からです。

このお話の最後に、取り組むときの注意点をお伝えします。

・無理しない

商品を考え続けるのは、疲れます。ただ、「期間限定」と言いながら「いつまでか」は書いていないので、次を急ぐ必要はありません。

また、**自信のある商品が売れないこともありますが、それが普通**だと思ってください。

自分を追い込みすぎず、とにかく続ける。負けぐせをつけないために、勝つまでやる。この気持ちが重要です。

・手を抜かない

私はときどき、銀行さんに頼まれてケーキ屋さんのコンサルティングを行うこともあります。ケーキ屋さんの場合、季節商品の売上比率が高いお店は儲かっていることが多く、そこの売上比率が低く、定番品の売上比率が高いお店は、売上も利益も低いことが多いです。定番品だけが売れる場合は来店動機がそれだけになりますが、季節商品があると、それを買うついでに定番品も買ってもらえるので、来店頻度が上がる。これが大きな原因だと思っています。

また、儲かっているお店の季節商品には、「ハズレ」がありません。**「ハズレ」を出すと常連客の来店間隔が空く**ことを知っているのでしょう。しっかりと作り込んでいます。

よく「ブランディング」という言葉を聞きます。どういう意味かというと、「本来の価値以上に、高い価値を感じてもらえるようにすること」です。つまり、「このお店は、何を注文してもおいしい」「このお店なら、どんな人でも安心して連れて来られる」と思ってもらえるようにすることです。

期間限定商品のうち高額帯の商品は、お客の期待度が特に高いです。**ヒット商品が出た後は要注意。**気を抜かずにしっかりと作り込んでください。

・オペレーションに注意する

商品を企画するときは、自由に発想することが重要です。ただし、その商品をお店で提供できるかとなると、キッチンの構造、厨房機器などの制約条件が出てきます。

ランチタイムは特にそうですが、その商品に手間を取られすぎると、他の商品の提供時間が遅くなります。売上は「客単価×客数」です。客数が減らないように注意してください。

・3年たったらマンネリに注意する

その季節になったら帰ってくる人気商品は、ずっと同じでいいです。しかし、そこまではなかった商品なら、入れ替えもできるはずです。3年もたつと、商品が固定化しすぎたり、商品企画の発想がワンパターンになったりしがちです。

期間限定商品は、お店に**活気を生む**ためのものです。楽しみながら続ける。この気持ちを忘れないでください。

6 商品開発①

完成度が高まるフォーマット

ここからは、実際に商品を開発するときに役立ちそうなお話をいくつかします。

ある居酒屋チェーンの社長が「今年の冬は、もつ鍋をやろう」と言い出し、商品案をまとめる会議が行われました。私は、会議前に各店舗の料理長に依頼し、どんな鍋にしようと思っているのかをエクセルに入力してもらい事前に集計しました（表9－2）。

横向きの欄に、「テーマ」「食材」「調理方法」などとあります。ここに、商品の特徴が記入されています。縦の欄には、「案1」「案2」とあります。

今回は、5人の案で会議しました。各案を横向きに読んでみてください。それぞれが、どんな「もつ鍋」をイメージしているかがわかるはずです。


このフォーマットは、私がいつも使用しているものです。なぜこれを使うかというと、第一に、会議室で皆で腕組みしながら商品案を考えても何も出てこないからです。

次に、このシートを使うと、ひねりの効いた商品になりやすいからです。

●9-2　商品開発シート（記入例）

	テーマ（誰のどんな）	食材	調理方法	味付け	主な副食材	その他の副食材（添え物やセットのサイド）	状態（温度・固さ）	用途	ジャンル	香り・食感	盛り付け	量	ネーミング	価格
案1	冬のもつ鍋	もつ	煮る（客席で）	しょうゆ	あさり、キャベツ、モヤシ、ニラ	千切りの生ダイコンを少量添える		その日のメイン		ダイコンともつの食感の違い	あさりは別皿で提供（特別感を	2人前より（つまみとしてやや少なめに）		
案2	冬ももつ鍋	〃	〃	みそ	キャベツ、ニラ、ゴボウ	〆はうどん				ニボシ・粉末入り特製七味				
案3	冬のもつ鍋	〃	〃	みそ（豆乳で割る）	サトイモ、厚揚げ	〆はうどん		今年の鍋の一押し				S（1～2名様）、L（3～4名様）		
案4	冬のもつ鍋	〃	〃	カレー	キャベツ、パプリカ、玉ねぎ、ブロッコリー	〆のパスタか雑炊用ご飯	スープ状		インド系スープに洋風のテイストを	クミン、ニンニク、チーズ	洋風土鍋、パプリコ、ブロッコリーの色、形で			
案5	冬のもつ鍋（女性ターゲット）	〃	〃	トマト	キャベツ、ジャガイモ	〆のパスタ	下茹でジャガイモで粘度をつける	宴会コースにも入れては？	洋風	オリーブオイル、チーズ	煮えたら客席でチーズを下ろす			

※この例のように、すべてを埋める必要はありません

商品開発のとき、**中心のひねりだけ効かせると、後は、「置きに行く（ありそうなパターンですませる）」ことがよくあります。**「普通はこんなものだろう?」で置きに行くと、商品の面白みが弱まります。

このシートの横軸にあるすべての言葉に対してひねる必要はありませんが、最後まで突き詰めようとすると、商品の完成度が高まります。この例のもつ鍋は、どれも平凡な案にはなっていません。ちなみに、競合店調査をするとき、**「他店と比較しやすい商品（居酒屋の唐揚げなど）の価格と質はどうか?」という視点で商品を比べる**ことがあります。売れているお店は、必ず工夫していて、完成度が高いです。

なお、このフォーマットも、ダウンロード用フォーマットにつけておきました。お店の商品を思い浮かべながら、ひねりを効かせて考えてみてください。

このシートの横軸にある言葉は、商品の完成度を高めるだけでなく、ひらめきの素になることもあります。大化けする商品とは、楽しみながら普通とは別の発想をしたときに生まれるものです。

次の項目から、横軸の言葉にそって、考え方や実際の例を紹介します。

商品開発②

大化けさせる自由な発想

①メインの食材を変える

以前、**「プリンどら焼き」**という商品が、ネット販売のギフト商品としてヒットしました。どら焼きとは、カステラ風の生地にあんこを挟んだ食べ物です。しかしこの商品に、あんこは入りません。あんこの替わりに、固く作ったプリンが挟んであります。洋風でおいしいなどと評判になり、セブンイレブンでも類似商品が販売されました。

元祖の会社が販売している、大型のギフトボックスを買ったことがあるのですが、そこには「抹茶プリンどら焼き」「蒸しパンプリンどら焼き」という商品も入っていました。皮が蒸しパンになるともはや、どら焼きの要素はゼロです。

これくらい自由な発想が、大化け商品を生むのかもしれません。

以前、イタリアンのお店で、**「コンビーフのカルボナーラ」**という商品を食べました。ベーコンでもパンチェッタでも、ましてや豚ではない主食材で作られた商品ですが、最高においしいカルボナーラでした。

よく考えると、**「チキンタツタバーガー」「フィレオフィッシュバーガー」**という商品は、変です。主食材がハンバーグだからハンバーガーなのであって、そうでなければサンドイッチです。しかし、ずっと前からこのネーミングなのでなじんでいて、誰も不思議に思いません。また、ハンバーグという主食材に対する、いい意味での対立候補（魚と鳥という、別の選択肢）になっています。

ちなみに、**天津飯**を食べることはありますか？

天津飯とは、ライスにカニが入った卵を乗せて、餡（あん）をかけた商品です。この商品を食べるとき、カニを楽しみにしている人の割合はどれくらいでしょう？　高級店のカニは別として、そこには期待していないお客が多いと思います。

であれば、カニではない別の食材を使った、自店の天津飯を開発すれば、売れそうな気がしませんか？

②調理方法、味付けを変える

調理方法ですが、揚げる常識のものを焼く、生が常識のものを揚げるなど、変更する方法もあります。

10年ほど前、パン屋さんで**焼きドーナツ**という商品を初めて見ました。今ではどのお店でも販売されるようになり、もはや定番になっています。

また以前、お洒落なダイニングの宴会料理を考えたとき、フライドポテトの替わりにローズマリーとともにオーブン焼きしたポテト、アボカドとトマトのフリットを提供したことがあります。

いかがでしょう、生の野菜とフライドポテトが出てくるのと比べて、お店のイメージが上がりませんか？

味付けですが、あなたが使える**味付けの一覧表**を作っておくことをおすすめします。目の前に、ライスの上に焼いた卵が乗った皿があるとします。何味にすると面白いですか？

主食材と味付けの両方をひねると、きっと面白い天津飯ができます。

商品開発とは、こういう遊びのような感覚で発想するものです。そして、日替わりメニューのレベルではなく、**細部まで突き詰めるのが期間限定商品**です。

③副食材を変える

副食材から新商品が生まれることは、まずないと思います。むしろ、商品開発の詰めの段階で、もう一ひねり加える項目になります。

先ほどフライドポテトの例をお話ししましたが、サイドに乗せるポテトが、軽く煮込んだサトイモを揚げた商品になっても面白いです。

ちなみに、冷奴の高価格帯商品を作るとしたら、何を乗せますか？ 遊び心をもって楽しみながら考えてください。

④状態、用途を変える

状態とは、熱い料理を冷たくしたり、固形のものを液体状にしたりすることです。

ここ数年の大ヒットでいうと、**エスプーマかき氷**でしょう。イチゴなどのフルーツで液体状のソースを作り、それをエスプーママシンで泡状にして氷にかけた商品です。一過性のものではなく、かなり長く売れています。

それ以外にも、**飲むプリン**という商品を何年か前に見かけたのですが、今ではコンビニでも販売されています。この項目は、スイーツ系のお店では重要な視点です。

また、食事系のお店の場合、夏の柱となる冷たい商品があると心強いです。最初から冷たい商品もいいのですが、**熱いはずの料理を冷やせないか**と考えてみるのも一案です。

冷やししゃぶしゃぶという料理は、夏場に売上が下がるしゃぶしゃぶ店が考案したそうです。そういえば、**冷やしかつ丼**を販売している、とんかつの名店もあります。

次の「用途を変える」とは、メインだった商品をサイドメニューにしたり、その逆を考えたりすることです。以前、洋食店で、メインとしてまったく売れなかったマカロニグラタンを、量を減らしてサイドメニューにしたら飛ぶように売れたことがあります。また、宴会で提供する商品の一部を、期間限定商品として販売することもあります。

利用されるシーンを思い浮かべて、量や副食材を整えるのがポイントです。

⑤ジャンルを変える

これは、洋食系のお店が和食や中華の要素を取り入れるような取り組みです。

名古屋に行くと、**台湾ラーメン**という、辛みのあるミンチとニラがのったラーメンがあります。このミンチを「台湾ミンチ」と呼ぶそうで、カレー店やスパゲティ店でもこのミンチを乗せた料理を見かけます。スパゲティ店で食べた感想ですが、辛みのあるミートソースのようで、いい完成度でした。

ジャンルを超えた完成度の高い商品ができると、大化け、大バズりする可能性が高いです。何か浮かんだら、ぜひチャレンジしてください。

⑥ 量を変える

北陸に、**8番ラーメン**という有名なチェーン店があります。

野菜を軽く炒めてから煮込んだ「野菜ラーメン」が名物ですが、**「小さな野菜ラーメン」**という、麺を半分にした商品もあります。1960年代から続く老舗なので、高齢化したお客への対応なのでしょう。

ちなみに価格は、並が759円、小が682円です。お客の高齢化が身近なお店には、よい参考になると思います。

8 売れるネーミング方法 6選

ネーミングで、よく使われるパターンを表9－4にまとめました。

売れている商品は、だいたいこの6つのパターンに属しています。

まずはネーミング例とポイントを、じっくり読んでみてください。


よくある失敗例は、「面白いネーミングは浮かんだものの、商品の完成度はもうひとつ」というパターンです。ネーミングが面白いと注文率は上がりますが、完成度がもうひとつだと信頼を失います。

「この店格でこのネーミングはどうかな？」という失敗例もあります。

さらに、グランドメニューの改定のときに、**すべての商品をひねってしまい失敗**しているなと感じることもあります。すべてひねると、何を目立たせたいのかがわかりません。

ひねりは、売りたい商品を売るためのものであり、お店のイメージ、店格を保ちながら行われるべきだということを、忘れないでください。

●9-4　売れるネーミング方法

方法	擬音語・擬態語を入れる	産地・地域名・生産者を入れる	店名・店員名を入れる	キーワードで連想してもらう	長い	短い
例	トロトロ、カリカリ、コトコト、こんがり	知床産、宇都宮名物、姜さんのキムチ	備後屋ランチ、愛ちゃんのフルーツパフェ	北の大地から、漁師風	名古屋コーチン玉子のふわふわオムレツ	ミルカツ、ベー玉
効果など	食感や料理の状態を思い出してもらう	安心感、期待感、旅行感などを与える	店名があると名物にみえる、店員名があると思い入れが伝わる	巣ごもりのように形から連想してもらうこともある	左の複合	気をひいておき、下に「たっぷりのベーコンのかに玉風」のような説明を入れる

①：全体に統一感があって、そこに目立つものがある
②：目立つものは売りたい商品である
③：お店のイメージや客層と合っている

想像してみよう！ 自店でできる最高の商品

発想方法の説明は以上です。

私は、自分のシートを使い、ジャンル、量などキーワードに沿って考えています。もし私が天才ならこんなものは必要ないのですが、凡人なので、そうしています。

また、必ず手を動かして考えます。脳が動き出す気がするからです。シートを見ても書けないことも多いですが、翌朝や電車の中でハッと思いつくことがあります。これがひらめきで、ひらめかせるための下準備がシートを使うことだと思っています。

商品開発をしていると、どうしても自分の世界に入ってしまいがちですが、お店は誰かが楽しい食事をするためにあり、今考えている商品は、その中の一要素です。どんな人が、どんなシチュエーションで、どんな理由でこれを食べるのか。途中で何度もそんな想像をするといいです。

私はよく、**「商品がお客を作って、お客が商品を作る」**という説明をします。頭の中に思い浮かべたターゲットが喜びそうな商品を作ると、そういうお客が集まってきて、そのお客を頭に浮かべて次を考えるから、その人たち寄りの商品になっていく、ということです。もし、今の客層を少しずつでも変化させたいと思っているなら、来てほしい客層を思い浮かべて考えましょう。少しずつですが、あなたの思う理想の客層が増えます。

ぜひ一度チャレンジしていただきたいのが、あなたのお店の**名物料理の、高級バージョン**を考えることです。

ラーメン店であれば、トッピングの「全部のせ」ではありません。チャーシューに使用する肉を高級にするというのも、味の違いがわかりにくくて弱いです。

今まで作っていなかったローストビーフや排骨を乗せる、または今までとは違う高級食材のスープを作ったり、今のスープと同じ路線だけど明らかに味の違いがわかるスープを作る。何年も行列が途切れないラーメンの名店がやる期間限定商品のイメージです。

原価を気にせず、大胆に発想してください。すると、売値を高めに設定すれば今とは違うレベルの商品を開発できることに気づきます。お店にファンがついていれば、高くても売れます。

これを期間限定で販売して、オペレーションや出数を確認して、やがてグランドメニューに加えることができたら、店格が一つ上がります。それは、常連さんが給料日に注文してくれる高単価商品になり得ます。

商品が売れなかったとき

こうして商品開発を続けていくと、よく売れたりまったく反応がなかったりする商品が出てきます。

商品開発は、まずどんな商品にするか企画し、それを商品化するために試作を繰り返し、でき上がったらネーミングやメニュー表の目立つ位置に入れて売り込む、といった流れで行われます。

全部よくできていれば売れ、何かが欠けていれば外れます。

たとえば、最初はよく売れたのに、途中から売れなくなったのであれば、商品力に課題があるということです。次回、同じような商品を開発するときは、より工夫を凝らしましょう。

また、反応が悪い商品は、企画自体が客層に受け入れられなかったか、ネーミングなど

●9-5　商品が売れ続けるには

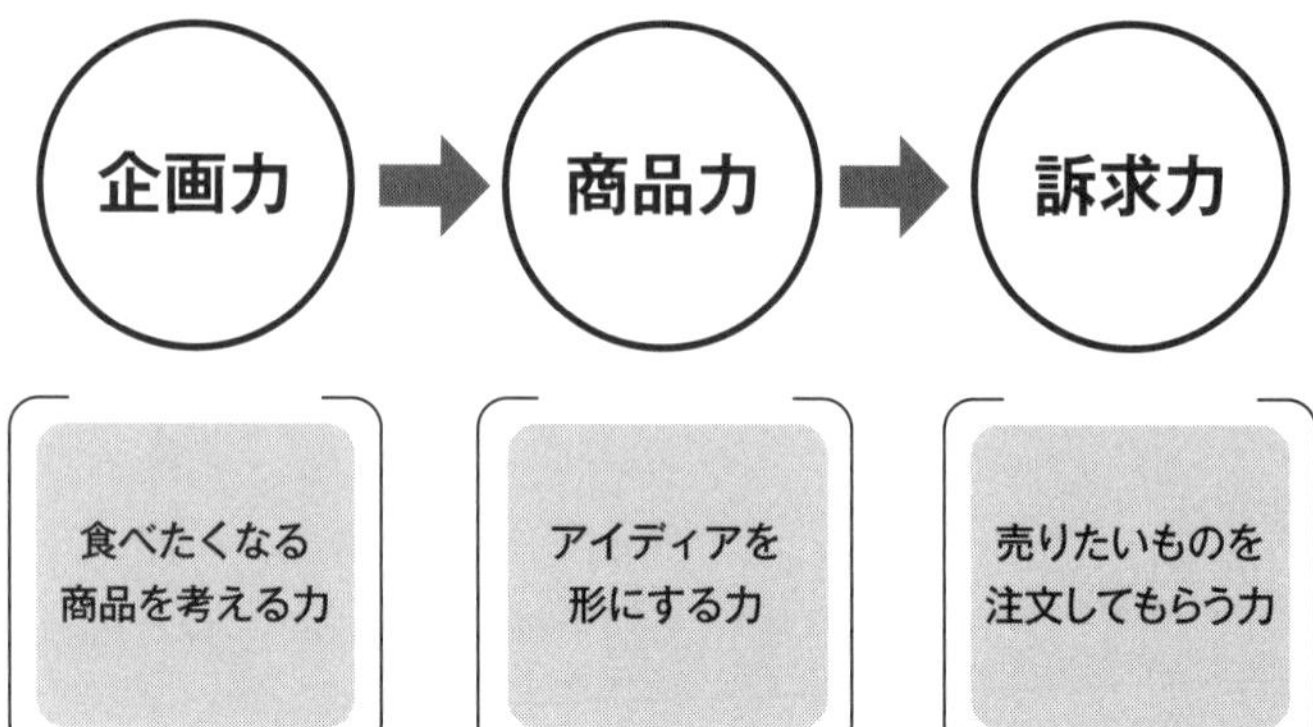

で気を引くことができなかったのでしょう。

どちらが大きな理由かよく考えて、次の商品開発に活かしましょう。

何が悪かったのかを**反省せず、単に「あの食材は売れない」などと決めつけるのは、とても危険**です。

反省して次に活かす。この姿勢を忘れないでください。

11 利益が増える「メニュー表」のポイント

こうして何度か期間限定商品を販売してみて、お客の好み、自店の方向性が見えてきたら、思い切ってメニュー表を改定してみましょう。

メニューを作る流れは、骨組みを作り、肉をつけ、最後にお化粧する、といったものです。

具体的に説明します。

①まず、どんな商品を主力にして、どのカテゴリーの売上をどれくらいにしたいか、などを構想します。

②ある程度まとまったら、商品全体を分類するカテゴリー名を決めます。そのカテゴリーの中に、必要な数だけ商品を入れて、売りやすいように並べて表記する、ということです。

では、やってみましょう。最初に、カテゴリーを分類します。

ポイントは、

《各カテゴリーがメニュー表に占める面積は、各カテゴリーの売上と比例させる》

――白い紙を準備して、各カテゴリーの売上を想像しながら、用紙の面積を配分して書いてみると、イメージできると思います。また、今の売上はそうでもないけど、これから売上の比率を増やしたい場合は、面積を多めに配分します。

次に、各カテゴリーに商品を入れていきます。面積が広いカテゴリーは、商品数が多くなります。ただし、ラーメンのような単品商売であれば、無理に商品数を増やす必要はありません。表にするときに、説明文や画像を入れるというお化粧でうまくいきます。

商品を入れていくときのポイントは、

《各カテゴリーの代表商品を決めておく》

――代表商品は、他より高価格なはずです。「これを食べて、納得できなかったら、もう来ないでください」くらいの意気込みで作られた完成度の高い商品を選びましょう。

もう1つのポイントは、

《商品数を増やさない》

――「でもお客は、商品数が多い方がいいんじゃないの？」と思われるかもしれません。

お店を選ぶときに、**品数を優先する消費者はチェーン店に行きます。**チェーン店は本部で

●9-6　メニューを作る順序とは

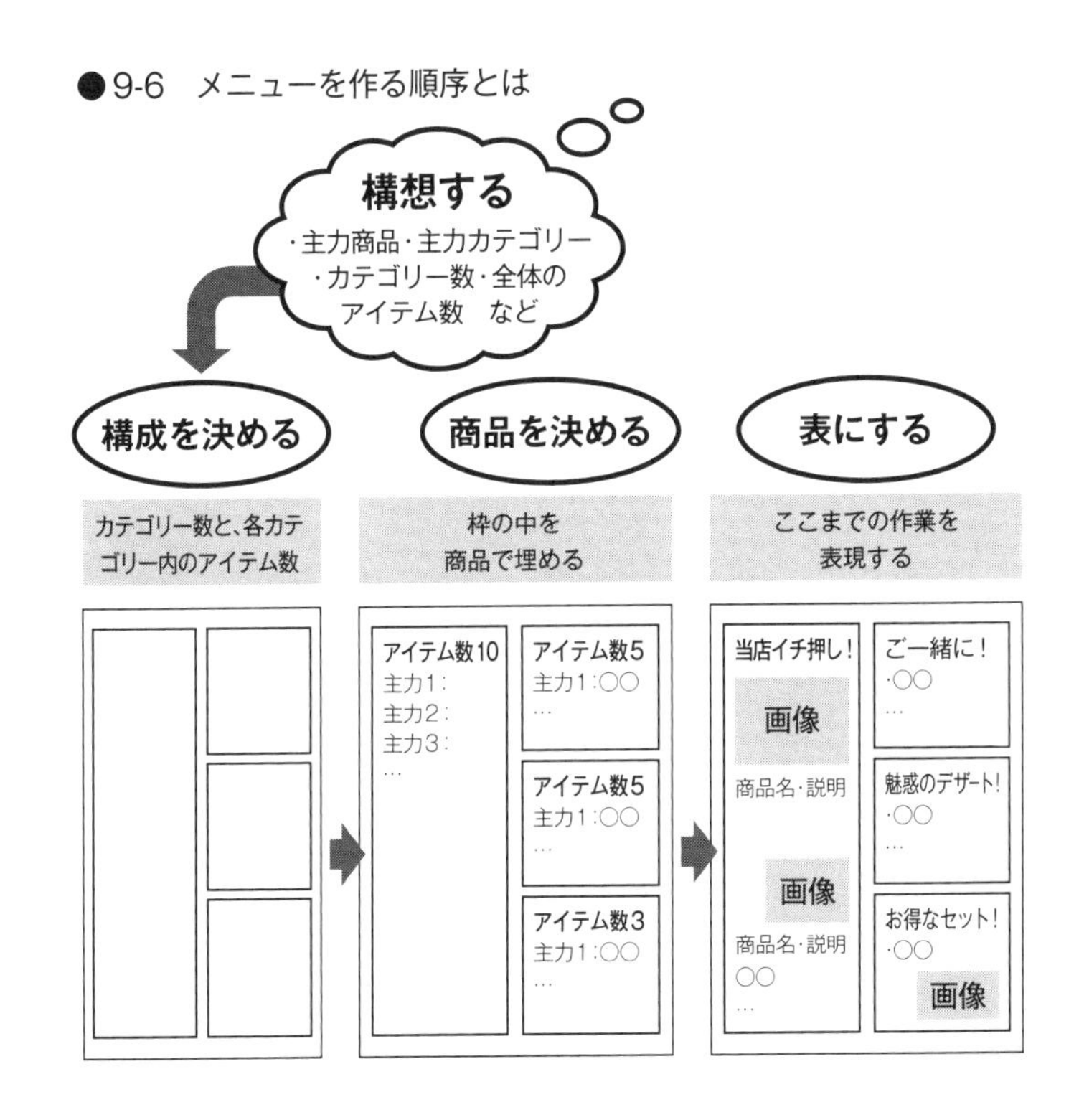

仕込まれたり、メーカーに依頼した加工品を提供するので、いくらでも品数を増やせます。

　しかし、個人店の場合、品数を増やすと仕込み時間が延びますし、提供スピードが遅くなります。

　また、たとえばあるお店のメニュー表に、タコ酢、キュウリ酢、もずく酢、わかめ酢、と商品が4つあったとします。

　別のお店のメニュー表には、「明石産真蛸とセロリの酢の物」、「短冊ヤマイモとめかぶの酢の物」と、商品が2つあったとします。最初のお店で酢の物を選ぶときの悩みは、どうでもいい悩みです。次のお店は、**どっちにしようかなという、うれしい悩み**です。商品は、数多くあればいいわけではないのです。

「今まであった商品がなくなると、困るお客がいるんじゃないの?」と、思われるかもしれません。そこそこ人気のあった商品であれば、期間限定商品として復活させればいいです。期間限定なので、今より豪華にしていいです。

期間限定商品を販売していると、グランドメニューの売れ方が変わるはずです。「そういえば、出なくなったな」と思う商品は、思い切ってグランドメニューから外しましょう。

次に、やっとメニュー表になります。表記するときのポイントは、

《各カテゴリーの頭には代表商品を配置する。絶対に、価格順に並べない》

——価格が低い商品から順に並べてあるメニュー表がよくあります。あの表記法だと、価格を基準に選ぶようになります。

ところが、最初に各カテゴリーの主力商品を2つほどぶつけると、「どっちにしようかなあ」と、価格ではなく商品の魅力で選びやすくなります。

コンビニが新作のおにぎりを販売するとき、存在をアピールするために、売り場の左端かその隣、または右端に新商品を配置するそうです。最初に目に入る左端とその次までは、

真剣に商品内容を比べて「どっちにしようかなあ？」と考えるのですが、後はだんだん疲れてきます。もう、どうでもいいと最後の商品を選ぶ人もいますが、そうでなければ最初にやった、1番目と2番目の比較で勝った方を選ぶ、という傾向が強いからだそうです。また、主力商品は高価格帯商品のはずです。最初に見た価格が高いと、その後に見た価格が安く思える効果もあります。

これを**アンカリング効果**と言います。

たとえばテレビの通販番組を見ているとき、ちょっと欲しいなと思う商品があったとします。説明を聞き終えて価格を見て、高くて手が出ないと思ったとします。ここがアンカー（船を泊めるときに使う、碇（いかり）のこと。最初に聞いた価格が頭の中で碇として沈む）になります。そして、その後に理由をつけて値引きをしてくれます。すると、その価格をとても安く感じてしまいます。これがアンカリング効果です。

主力商品には、説明文や画像を入れましょう。作り方のこだわり、商品を作った背景などをしっかり伝えます。ネーミングのときもそうですが、全部に入れると目立ちません。必要な商品（食べて納得できなかったら、再訪していただかなくてもいい商品）だけに入れて、目立つようにしましょう。

今、常連さんを頭に思い浮かべている方は、「なぜこんなことが必要なのか？」と思うかもしれません。

思い出してください。お店を繁盛させるためには、離反客の数より新規客の数が多ければいいのです。

《初めてのお客に、優しいお店である》が、必要なのです。初めて来たお客が、自店のおすすめではない商品を食べて、「もう来ない」と思ってしまったら、あなたも、そして初めてのお客も損をします。そうならないよう、代表商品を売り込みましょう。


メニュー表の表記方法を勉強したい場合は、なるべく同じ価格帯の同じ業態のチェーン店のメニューを見るといいです。私のようなプロが入っていることもありますし、もっと大きなチェーン店だと専属の名手がいます。

逆に、**流行っている老舗のメニュー表は参考にしないでください。**常連だけで繁盛しているお店は、「初めてのお客」が必要ありませんし、皆注文するものが決まっているので、工夫する必要がありません。それを見て「これでいいんだ」と思わないようにしてください。

12 タッチパネルや券売機でも利益は増やせる！

ここまで読んでいただいて、「理屈はわかったけど、うちは券売機だから」と思われた方もいらっしゃると思います。

そこで、券売機とタッチパネルを導入している場合のポイントをお話しします。

券売機を置いているのは、オーダーが1回だけの、食事系のお店が多いと思います。

ポイントはメニュー表と同じで、**価格順に並べないこと**です。人は一番上の段の左端から右に向けて商品を確認し、それから次の段の左端から右に向けて見ます。ですから、各段の左端とその隣に、自信のある商品を配置するのです。

また、よく券売機のボタンに「おすすめ」「ナンバーワン」といったPOPを貼っていることがあります。これもアリですが、少し工夫が足りません。

《初めてのお客に、優しいお店である》という視点で考えると、どうでしょう？

あなたも経験したことがあると思いますが、注文する商品が決まっていれば、すぐに券を買えますが、不慣れなお店だと迷いますし、後ろの人が気になって焦ります。

こうさせないために、多くのチェーン店では、券売機の前に立つ前に、どんな商品があって、何がおすすめなのかを伝えるためのメニュー表があります。

たとえば、店の入り口の大きなタペストリーがメニュー表になっていたり、券売機前の、目の高さ近くまで上げられた大きなA看板にメニュー表が貼ってあったりします。ここでゆっくり選んでもらい、間違いのない選択でお店を評価してもらう。ここがポイントです。

注文が複数回あるお店は、店内にタッチパネルを設置していることがあります。

これも理屈は同じで、選びやすくしようとすると、やはりメニュー表を置いておく必要があります。

タッチパネルは、注文する商品が決まっている常連は楽に使えますが、どんな商品があって、全体像がどうなっているかを知らない不慣れなお客の場合は、タッチパネルの画面を切り替えながら断片的な情報を整理しなくてはいけないので、ストレスになります。

「券売機やタッチパネルを導入したから、メニュー表は作らない」というのは、間違いです。

情報の少ないお客に優しい環境を作ることを心がけてください。

13 お店の改善と値上げ、宣伝のタイミング

商品に関する、今よりいいお店にする方法は以上です。

これで、接客と店内の雰囲気作りも含めて、ＱＳＣＡ（お客がお店を評価する項目）のすべてで、「始める前よりずっといいお店」にすることができます。

本の中盤で、エクセルのシートを使って、これから1年の目標売上を作っていただきましたが、その時よりは、売上増加のイメージができているはずなので、ぜひ金額を修正してください。

商品の開発も接客の改善も、初めからうまくはいかないかもしれません。しかし、少しずつ成果が出て、少しずつ手元のお金が増えてくるので、気持ちが切れずに続けられます。

お店の改善と値上げ、宣伝の順番は、

①　改善しながら

②　何度かに分けて値上げを行い、お店の受け入れ態勢が整ってから

③ 宣伝

が、正しいです。

商品と接客のレベルが上がって、値上げをしても常連客を維持できるようになって、さらにレベルが上がれば、初めてのお客でも納得できる店になっている。その状態になってからなら、お金をかけて宣伝していいということです。

もちろん、期間限定商品を無料のＳＮＳで発信するのはＯＫです。面白い商品なら、うれしい反応があるでしょう。

本当に強いお店の宣伝費はゼロです。常連客と無料で獲得した新規客だけで成立するようなお店を目指しましょう。

終章

「雑に始める」方が強くなる

——「考える」「動く」「確認する」で未来が見える——

1 「店舗を増やしたい」と思ったら

そろそろまとめに入ります。


「年商3億円を目指したい」

「支店を2つは出したい」

といった目標、夢を語る社長がたくさんいます。

飲食店のうち、1店舗で営業している割合は97％、支店を出せているのは全体の3％なので、3店舗目を出せれば、かなりの勝ち組に見えます。

しかし現実はそうでもなく、赤字を抱えている会社がたくさんあります。

理由は3つ。
①社員の教育不足
②会社としての統制力不足
③儲けるしくみの弱さ

です。

店舗を増やすには、店長が必要です。

しかし、現場を仕切る力や数字を見る力などが不足していると頼りないですし、数字も悪くなります。

また、たとえば「接客の強化週間」を行うとき、1店舗であれば自分で店員を注意して強化できます。

しかし、複数店になると巡回が必要になりますし、注意する人（社長）の影響力が弱まっていることが多く（現場の店員からは「他人」と見えている）、店舗が増えるごとにその傾向が強くなります。

ただ、多くの会社を見てきた私が感じる**最大の原因は、「③儲けるしくみの弱さ」**です。

儲けるためには、経費の管理が必要で、流行る（売上を増やす）ためには、いいお店にする必要があります。これがしっかりできていれば1店舗当り、もっといえば1坪当りの月商や人時生産性がＭＡＸまで伸びます。ここが弱いときに勢いで出店するお店が多いと感じます。

目安になる数字は、

①都心だと、1坪当りの月商が30万円、地方でもその半分は必要

②人時生産性（人時売上高ではない）だと3000円は、どのエリアでもほしい

③「FLR比率70％以下」も必須

これらをクリアできていないと、多店舗展開ができるレベルではないと私は考えています。

お店というものは、利益を生み出す収益マシンです。マシンの性能がよければ、投入した仕入れ代や人件費に対して、より多くの価値が付加され、利益が増えます。

しかし、マシンがそこそこの性能だと、店舗を増やしても大した利益を得られませんし、失敗する店舗が出るとかえってマイナスになります（そういう例をたくさん知っています）。

店舗を増やすよりも、今のお店を強いマシンにすることに注力する。売上を追うのではなく利益を追う。

こういう考え方でいると、手元のお金が増えていきます。

2 「雑に始め、PDCAを回す」がベスト

この本では、接客フローのチェックシートを作ったり、期間限定商品を考えたり、時々はFLR比率をチェックしたりと、いろんな仕事の説明をしました。

もう一度、7章末の図7-5をごらんください。

社長が方針を決めたり数値管理を行い、店長が現場を管理し、実務者が調理したり接客したりする。この中の、社長や店長としての仕事を増やしましょう、といったお話をしました。

言い換えると、社長として「考える」、店長として「動く」、という仕事になるのですが、たとえば実際に期間限定商品を作ったとします。

その後、社長の仕事としてもう1つ、結果がどうなったかを**「確認する」**という仕事を加えてください。出数がどれくらいで、評判はどうで、作業工程と提供時間はどうだった、などを振り返って書いておくのです。

それを元に、次はどうしようかと「考える」仕事をして、決まったら「動く」、終わったら「確認する」という流れにすると、どんどんレベルが上がります。

また、接客フローのチェックシートや、「お客からのよくある質問集」を作っている場合も、たまに「確認する」ようにして、修正や加筆を行ってください。アップデートを繰り返すと、より使いやすくて、店員にもお客のためにもなるものへと進化します。

さらにもし、「考える」ための会議を行っていたら、以前を振り返り「確認する」時間を取ってください。すると、参加者全員のレベルが上がっていきます。

「考える」「動く」「確認する」という流れは、**PDCAサイクル**とも呼ばれていて、今よりよくするための改善を継続して行うためのものです。製造業で10人もいる会社だと必ず行われる、つまり経営に必須の仕事です。

「また、やることが増えた」そんな声が聞こえてきそうです。でも大丈夫、とにかく雑に始めてください。まずやってみて、少しずつレベルアップしましょう。

私がなぜ「雑に始める」をおすすめしているかというと、お店の**ケイパビリティ（対応**

能力）を考慮しているからです。97％のお店は1店舗だけで営業しているのですから、社長は店長であり実務者です。3店舗持っていたとしても、おそらく同じでしょう。

そう考えると、やれることに限りがあるので、ムリに大企業がやっている常識を押し付けないようにしています。

やれるだけでいいです。できれば、「また、やれることが増えた！」と思いながら、楽しんで取り組んでください。

3 飲食店経営は、IQとEQ

4章末にある図4-4を、もう一度じっくりご確認ください。

この図は、飲食店経営のしくみをよく表しています。下部に公式がありますが、そのうちインプットの項目は、経費のコントロールなので、一定のIQ（知能指数）が必要になります。

一方、公式のアウトプットの部分は、お客を楽しませるための項目です。IQの高い銀行員さんや税理士さんは、この項目を「売上＝客数×客単価」という公式に当てはめて増加させようとします。

しかし、こっちの都合で数字を書いても、お客は動きません。値上げをすれば客数が減りますし、客数を増やそうと宣伝をしてもお店の受け入れ態勢ができていないため宣伝費がムダに、というケースを多々見てきました。

ここで必要なのは、ＩＱではなく、ＥＱです。

EQとは、「感情の知能指数」と呼ばれるもので、知性ではなく感性に対する指数です。ＥＱの高い人とは、相手の感情を読み取ったり、相手の感情を動かすことが上手な人のことです。

接客のときにお客の顔色が読めたり、「わっ！」と驚かせたり「なるほどー」と納得させる商品を開発できたり、お客にとって居心地のいい空間を作れる人のことです。

いかがでしょうか、少し自信が持てたのではないでしょうか？

経費のコントロールなどはＩＱが必要ですが、これは少し学べばできますし、税理士さんなどへの外注も可能です。

しかし、楽しいお店を作ることは、ＩＱの高いお利口さんにはできません。今、常連さんを抱えて営業できている社長や、それを支えている店員にしかできない、いわば特殊能力です。

あなたはその能力を存分に発揮できるよう、眠っていた商品開発の能力を思い切って再起動させ、接客に対する思いを不器用に語り始めればいいのです。

先ほど、メニュー表の作り方の中で、「価格順に並べない」「代表を頭に持ってくる」という説明をしました。

これも、IQとEQのお話に関連します。お客は、価格で考えるときは知性（IQ）で考えています。しかし、商品の魅力で選び始めると感情（EQ）で考えます。

最終的に、**人は感情で動きます**。

利用しているお客に、（IQ（考え事）を捨てて）EQ（楽しみたい気持ち）で利用していただけるよう、あなたのEQ（人を楽しませる力）を、最大限に活用しましょう。

おわりに　10年後も生き残るお店にするために

２００4年、トヨタ自動車が日本の会社として初めて、純利益1兆円を達成しました。

当時、このニュースを見て、すごいなと思いました。

記者会見で「これからどんな取り組みをされますか？」と質問された当時の社長が、

「今までどおりカイゼンを繰り返す」

と、発言したのには、もっと驚かされました。


このころ私は飲食店を経営しながら、中小企業診断士の資格取得の勉強をしていました。お店は順調だったので少し調子に乗っていたのですが、日本一の会社にも改善できることがあって、それを繰り返しているからこの数字を達成できたのだろうと痛感し、身の引き締まる思いをしました。

あれから20年、２０２４年の同社の純利益は4.9兆円です。


飲食店は、自動車産業のように大儲けはできません。

同業者が多いため、開業から10年後に生存できる率は2割ほどです。普通にやっていると、普通に閉店するような業界です。

そう考えると、飲食店経営とは、よくすべる坂道の上を歩くようなものです。

じっとしていれば下がります。目の前の仕事をしっかりやっていれば、止まってはいられます。そして、変わろう、今よりよくしようと改善を繰り返せば、高いところまで登れます。

今からの1年が、あなたの「改善元年」です。

しっかり改善して、1年前を振り返り、比べてみてください。

過去の自分やお店のことを笑えたら、かなり成長しています。これを3年続けると、さらに高いところまで登れます。

これからもインフレは続きます。この時代に生き残れるよう、価格で選ばれるのではなく、満足度の高さで選ばれるお店になってください。

さあ、雑に始めましょう！

難波三郎

本文に掲載した各書式フォームは，下のQRコードから
ダウンロードできます（目次にDLマークあり）。
作成にはPCとExcelが必要です。

企画協力　：NPO法人 企画のたまご屋さん
カバーデザイン：喜來詩織（エントツ）

小さな飲食店のお客が減らない値上げ

発行日	2024年11月10日	第1版第1刷
	2024年12月17日	第1版第2刷

著　者　難波　三郎

発行者　斉藤　和邦
発行所　株式会社　秀和システム
〒135-0016
東京都江東区東陽2-4-2　新宮ビル2F
Tel 03-6264-3105（販売）Fax 03-6264-3094
印刷所　日経印刷株式会社　Printed in Japan

ISBN978-4-7980-7388-0 C0034